Alois Hahn · Willy H. Eirmbter · Rüdiger Jacob

Krankheitsvorstellungen in Deutschland

D1670730

Studien zur Sozialwissenschaft

Band 176

Alois Hahn · Willy H. Eirmbter · Rüdiger Jacob

Krankheitsvorstellungen in Deutschland

Das Beispiel AIDS

Westdeutscher Verlag

Umschlaggestaltung: Christine Huth, Wiesbaden
Druck und buchbinderische Verarbeitung: Rosch-Buch, Scheßlitz
Gedruckt auf säurefreiem Papier
Printed in Germany

ISBN 3-531-12967-8

Inhaltsverzeichnis

Vorbemerkung

Die vorliegende Monographie basiert auf zwei Repräsentativbefragungen im Rahmen des Forschungsprojektes "AIDS und die gesellschaftlichen Folgen". Diese Untersuchung wird vom Bundesgesundheitsamt aus Mitteln des Bundesministers für Forschung und Technologie unter dem Förderkennzeichen V-001-89 gefördert. Verantwortlich für den Inhalt der Befragung und die Interpretation der Befragungsergebnisse sind die Autoren.

Die dieser vergleichenden Untersuchung zugrunde liegenden Repräsentativbefragungen in den alten und neuen Bundesländern wurden jeweils im Rahmen des "Sozialwissenschaften-Bus" durchgeführt und zwar im Frühsommer 1990 (Westbefragung) und im Winter 1991/92 (Ostbefragung). Der "Sozialwissenschaften-Bus" ist eine Mehrthemenbefragung, die von ZUMA/Mannheim mehrmals jährlich organisiert wird. Näheres dazu findet sich im Kapitel "Erhebungsdesign".

Die Darstellung der Ergebnisse für die **neuen Länder** erfolgt im **Fettdruck**. Am Ende der empirischen Kapitel werden außerdem kurze Zusammenfassungen gegeben, die ebenfalls im Fettdruck ausgewiesen werden.

Unser besonderer Dank gilt Sven Hinrichs, Inge Jansen, Stephanie Kern, Bernd Neumayer, Alexandra Uhly, Nicole Wilms und Katrin Witzel für ihren Einsatz bei Literaturrecherchen, Datenauswertung, Textgestaltung und bei der Endredaktion.

1. Vorwort

Mit dem Forschungsprojekt "AIDS und die gesellschaftlichen Folgen" soll ein Beitrag geleistet werden zur Erforschung von krankheitsbezogenen Vorstellungen, Deutungsmustern, Bewältigungs- und Vermeidungsstrategien von medizinischen Laien, die summarisch als "Alltagswissen", "Alltagstheorien" oder "subjektive Theorien" bezeichnet werden.[1]

Die bisherigen Forschungen auf diesem Gebiet deuten darauf hin, daß für das Verhalten unter Unsicherheit, wo existentielle Fragen von Gesundheit und Krankheit an exponierter Stelle zu nennen sind, solches Alltagswissen für individuelle Orientierungen und Handlungen von wesentlich größerer Bedeutung ist, als extern gewonnenes und i.d.R. "lebensweltfremdes" Expertenwissen der Wissenschaft.[2]

Dieses wissenschaftliche Sonderwissen unterscheidet sich insofern vom lebensweltlichen Alltagswissen, als es einen höheren Grad an Reflexivität aufweist. Lebenspraxis und wissenschaftliche Theorien bilden zwei unterschiedliche Formen der Interpretation gesellschaftlicher Wirklichkeit; während Alltagswissen durch Sinnattributionen primär auf die Gewährleistung von Orientierungs- und Handlungssicherheit zielt, sucht die Wissenschaft unter weit geringerem Handlungsdruck objektiv "rationale" Erklärungen.[3]

Allerdings könnte man vor dem Hintergrund der unbestreitbaren Erfolge der medizinischen Wissenschaft in den letzten 100 Jahren für die moderne Gesellschaft vermuten, daß gerade im Fall von Krankheiten Alltagstheorien als eigenständige Zugangsweisen zu diesem Phänomen obsolet sind und es - wenn überhaupt in einem Daseinsbereich, dann hier - ein kollektiv anerkanntes Expertenwissen gibt. Dem ist aber nicht so, wie durch die schon genannten Untersu-

---

1 vgl. dazu exemplarisch den von Flick 1991 herausgegebenen Sammelband.
2 vgl. dazu - ohne Anspruch auf Vollständigkeit - Dornheim 1986; Verres 1986; Faller 1989; Eirmbter, Hahn und Jacob 1993; Noack 1993; Jacob 1995 sowie den von Flick 1991 herausgegebenen Band.
3 Zur Unterscheidung von Alltagswissen und Expertenwissen vgl. Jacob 1995.

chungen eindrucksvoll belegt wird. Krankheiten sind nach wie vor geradezu idealtypische Chiffren für offene und unsichere Situationen; die aktuelle Diskussion über die Rückkehr längst überwunden geglaubter Infektionskrankheiten zeigt dies sehr deutlich und sorgt für zusätzliche Unsicherheiten und Ängste. Zugleich gewinnen Kontaminationsvorstellungen und Ansteckungsängste eine neue Aktualität.

Krankheiten motivieren insofern auch heute noch zu einer großen Bandbreite von Interpretationen, Deutungen und Bewältigungsstrategien und zwar insbesondere dort, wo das medizinische Wissen keine Hilfe bietet. Denn die Medizin war zu keiner Zeit in der Lage, alle Leiden zu lindern oder gar zu heilen. Dies hat das starke Bedürfnis nach zumindest sinnhafter Bewältigung, nach Erklärungen des sonst völlig Unerträglichen zur Konsequenz, denn - wie Watzlawick schreibt - "sinnvoll erscheinendes Leiden ist bekanntlich viel leichter zu ertragen als sinnloses."[4] Alltagswissen über Krankheiten enthält aus diesem Grund nicht nur weniger, sondern zugleich auch mehr Inhalte als das heutige medizinische Fachwissen. Das hängt grundsätzlich damit zusammen, daß im Rahmen moderner wissenschaftlicher Theorien Krankheiten und Körpervorgänge isoliert betrachtet werden, ohne daß Deutungen eines Zusammenhangs von Leben und Krankheit zulässig wären. Die These von der Krankheit als Metapher[5] trifft für den offiziellen (medizinischen, juristischen) Diskurs über Krankheiten für die Gegenwart gerade nicht zu, denn hier wird jede metaphorische Relation zwischen Pathologie und "Leben" dezidiert vermieden. Die Krankheit als Gegenstand der zeitgenössischen Medizin symbolisiert nichts und offenbart keine geheimen Wahrheiten. Sie ist entweder ein biographischer Zufall oder das Resultat "sinnloser" physischer Vorgänge. Die medizinische Auffassung von Krankheit ist die einer "durch die biologische Organisation bedingte und daher bei allen Lebewesen mögliche Störung der Vorgänge im Organismus. Krankheit ist im wesentlichen ein biologisches Phänomen, als dessen Ursache pathologische Desorganisation im organischen Substrat des Menschen angegeben werden kann."[6]

Ein solcher Verzicht auf Sinngebungen von Körpervorgängen ist aber, wie schon erwähnt, vielfach schwer zu ertragen: Die Deutungsabstinenz der modernen Wissenschaft produziert insofern ein neues Problem, als der einzelne mit seiner Krankheit und den daraus resultierenden Erfahrungen faktisch allein gelassen wird. Die Krankheit bleibt für ihn unentzifferbar, sofern er nicht auf

---

4 Watzlawick 1992, S. 177.
5 vgl. Sontag 1980 und 1989.
6 Thoma 1975, S. 39. Zum biomedizinischen Modell von Krankheit vgl. auch Trautner und Berger 1993.

sozial etablierte Deutungsmuster zurückgreifen kann, welche sie les- und interpretierbar macht.

In nahezu allen Gesellschaften lassen sich denn auch kollektive Deutungsmuster feststellen, welche die körperliche Funktionsstörung als Manifestation einer vorher verborgenen Wahrheit werten und Krankheiten auf außerphysische Verursachungen, insbesondere auf individuelle Verfehlungen, zurückführen. Die für unseren Kulturkreis prägende christliche Religion hat jahrhundertelang explizit mit entsprechenden Vorstellungen gearbeitet. Krankheit galt im Christentum des Mittelalters und der frühen Neuzeit entweder als "Strafe für Sünden, Besessenheit durch den Teufel oder Folge von Hexerei,"[7] und diese ätiologischen Vorstellungen finden ihren Niederschlag nach wie vor auch in Krankheitskonzepten von medizinischen Laien. Dies aufzuzeigen ist das Ziel dieser Arbeit und - um es vorweg zu sagen - unsere repräsentativen Befunde stützen diese These der handlungsleitenden Bedeutung laienätiologischer Vorstellungen trotz allen medial verbreiteten Expertenwissens der modernen Medizin.

Schuldattributionen waren und sind deshalb so erfolgreich, weil sie immer auch Kausalitätsannahmen über die Ätiologie der Krankheit beinhalten und damit deren sinnhafte Bewältigung erleichtern. Krankheiten werden sinnvoll und verstehbar, wenn man sie als Folge von und Strafe für Verfehlungen interpretiert. Außerdem bieten Sündenbockstrategien, also das "blaming" bestimmter Gruppen, Ansatzpunkte für volkstherapeutische "Ventilsitten" (Vierkandt), weil die Ausgrenzung der als schuldig angesehenen Gruppen vermeintlich eine Chance des Sieges über die Krankheit selbst eröffnet.

Die historische Seuchenforschung liefert vielfältige Belege für die zentrale Bedeutung solcher alltagstheoretischen, kulturell geprägten Erklärungsmuster, Schuldzuweisungen, Schutzreaktionen und Ansteckungsvermeidungsstrategien, die sich immer wieder beobachten ließen in Zeiten epidemisch grassierender Seuchen wie Pest, Cholera oder Syphilis.[8] Zeitgenössische Studien zum Laienbild von Krebs in der modernen Gesellschaft unterstreichen diese Bedeutung laienätiologischer Krankheitstheorien und deren Persistenz über alle wissenschaftlich fundierte Erfahrung hinweg für die heutige Zeit.[9] Krebs wird häufig assoziiert mit Tuberkulose, Cholera, Pocken oder Pest. Krebs wird also an überlie-

---

7 Ackerknecht 1992, S. 57.

8 vgl. dazu Gouldsblom 1979; Schimitschek und Werner 1985; Ruffié und Sournia 1987; Göckenjan 1988; Knop 1988; Evans 1990; Vasold 1991; Herzlich und Pierret 1991.

9 vgl. Dornheim 1983; Verres 1986. Siehe außerdem Hornung 1986; Hasenbring 1989. Entsprechende Vorstellungen zeigen sich im übrigen nicht nur beim Laienbild von Krebs, sondern auch bei anderen Krankheiten, z. B. bei Rheuma oder psychischen Erkrankungen; vgl. dazu Thurke 1991 und Jodelet 1991.

ferte Krankheitsvorstellungen und -modelle angeschlossen. Hervorhebenswert ist hier außerdem, daß Krebs assoziiert wird mit "unsolidem Lebenswandel" und sexuellen Ausschweifungen.[10]

Bei der Immunschwächekrankheit AIDS ist diese Inbeziehung-Setzung von Krankheit, bestimmten Krankheitsvorstellungen, Moral und Schuld von noch wesentlich größerer Bedeutung als bei Krebs, wie unsere bisherigen Untersuchungen des Projektes "AIDS und die gesellschaftlichen Folgen" gezeigt haben.[11] Denn AIDS ist wirklich ansteckend und zudem sexuell übertragbar; die Krankheit betrifft damit einen immer noch weitgehend tabuisierten Bereich und lädt zu Projektionen und Etikettierungen geradezu ein.

Die vorliegende Monographie nun behandelt die Frage, wie sich diese Krankheitsvorstellungen und Deutungsmuster im deutsch-deutschen Vergleich darstellen. Von besonderem Interesse ist dieser Vergleich der Bevölkerungen der alten und der neuen Bundesländer gerade deshalb, weil hier eine höchst unterschiedliche Prävalenz und "Aktualität" von HIV und AIDS zu sehen ist vor einem halben Jahrhundert differenzieller gesellschaftlicher Erfahrungen bei identischen historischen Hintergründen. Die wissenschaftliche wie auch die gesundheitspolitische Neugier läuft damit auf die Frage hinaus, ob Unterschiede oder Gemeinsamkeiten Einstellungen und Verhaltensdispositionen hüben und drüben dominieren.

---

10 vgl. Dornheim 1983, S. 18.
11 vgl. Eirmbter, Hahn und Jacob 1993; Jacob 1995.

2. Alte und neue Bundesländer: Die Ausgangssituation

Bei einem solchen Vergleich der Reaktionen auf AIDS in den alten und den neuen Ländern ist zunächst natürlich von Interesse, welche Rolle AIDS im Krankheitsspektrum spielt. Hinsichtlich der Verbreitung von HIV bestanden signifikante Unterschiede zwischen den alten und den neuen Bundesländern, die sich bis heute kaum verändert haben. Während sich AIDS im Verlauf der achtziger und neunziger Jahre in der alten BRD zu einer zumindest in den Ballungszentren durchaus auch für Nichtbetroffene wahrnehmbaren Krankheit entwickelt hat und dort inzwischen zu den wichtigsten Todesursachen junger Erwachsener zählt,[1] kam das Virus in der ehemaligen DDR so gut wie nicht vor. Sehr deutlich wird dies, wenn man sich die Verteilung der gemeldeten AIDS-Fälle (kumulierte Zahlen seit 1982) für die alten und die neuen Bundesländer sowie für ausgewählte Großstadtregionen ansieht (vgl. Abbildung 2.1.1).[2] Der extrem niedrigen Prävalenz von HIV in der ehemaligen DDR entsprach eine weitgehende Abstinenz der DDR-Medien, dieses Thema zu behandeln. AIDS wurde bestenfalls als "Krankheit des dekadenten Westens" thematisiert, die für sozialistische Gesellschaften keine Rolle spielt.

Auch sonst - und dies ist sicher keine neue Erkenntnis - haben sich die beiden ehemaligen deutschen Staaten in vielerlei Hinsicht unterschieden. Politisches System und Wirtschaftssystem waren gegensätzlich, die Bildungssysteme unterschiedlich organisiert, das Gesundheitswesen je anders strukturiert, Sexualität und sexuellen Minderheiten kamen in der öffentlichen Debatte nicht vor - "wie Tag und Nacht unterscheidet sich die Situation in der Alt-BRD und in der Ex-DDR, zwei völlig verschiedene Welten wurden zum einig Vaterland vereint."[3]

---

1 vgl. Heilig 1989, S. 247.
2 Bei der Beurteilung dieser Zahlen muß außerdem berücksichtigt werden, daß Meldungen von AIDS-Fällen in der BRD auf freiwilliger Basis und anonymisiert erfolgen, während es in der ehemaligen DDR seit 1987 eine Meldepflicht gab; vgl. dazu Weber 1992, S. 239.
3 Spiegel-Verlag (Hrsg.) 1991, S. 13.

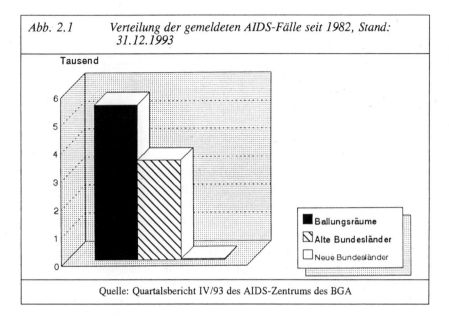

Abb. 2.1   Verteilung der gemeldeten AIDS-Fälle seit 1982, Stand:
31.12.1993

Tausend

Ballungsräume
Alte Bundesländer
Neue Bundesländer

Quelle: Quartalsbericht IV/93 des AIDS-Zentrums des BGA

Generell läßt sich konstatieren, daß die Gesellschaftsformen in den beiden deutschen Staaten sich deutlich voneinander unterscheiden und prägende Auswirkungen auch auf die jeweilige Sozialstruktur und auf spezifische Mentalitäten haben, wobei sich natürlich vielfältige Interdependenzen beobachten lassen.[4] Sozialstrukturelle Unterschiede zeigen sich etwa in der konfessionellen Struktur beider deutscher Staaten - "im einig Vaterland kommen eine überwiegend christliche und eine überwiegend heidnische Bevölkerung zusammen"[5] - wie auch in der sozialen Schichtung.[6]

Mit diesen Differenzen korrespondiert die subjektive Wahrnehmung der Sozialstruktur und des eigenen Status. So stellen Noll und Schuster fest, daß die Unterschiede in der Struktur der sozialen Schichtung, die sich auf der Basis subjektiver Einstufungen der Befragten im Ost-West-Vergleich ergeben, eklatant sind. "Faßt man die obere Mittel- und die Oberschicht einerseits sowie die Unter- und die Arbeiterschicht andererseits wegen der geringen Besetzungszahlen in der unteren und der höchsten Kategorie zusammen, ergibt sich eine Verteilung, die für die alten Bundesländer die typische Zwiebelform einer Mittelschichtgesellschaft und für die neuen Bundesländer die

---

4   vgl. dazu den Beitrag von Pollack 1991 über Zusammenhänge zwischen der Entwicklung von Sozialstrukturen und Mentalitätsstrukturen in Ostdeutschland.
5   Spiegel-Verlag 1991, S. 15.
6   vgl. dazu Geißler 1992.

pyramidenförmige Schichtstruktur einer Arbeitergesellschaft aufweist."[7] Mit dieser "kollektiven subjektiven Unterschichtung"[8] einher geht offenkundig die ausgeprägtere Neigung der Bevölkerung in den neuen Ländern, soziale Ungleichheit nicht als Resultat individuellen und eigenverantwortlichen Handelns anzusehen, sondern diese auf externe Ursachen zurückzuführen.[9] So stimmten der Aussage: "Was man im Leben bekommt, hängt gar nicht so sehr von den eigenen Anstrengungen ab, sondern von der Wirtschaftslage, der Lage auf dem Arbeitsmarkt, den Tarifabschlüssen und den Sozialleistungen des Staates" zwar auch rund 56% der Westdeutschen zu, "aber der Anteil ist doch erheblich geringer als in den neuen Bundesländern, wo diese Auffassung drei Viertel aller befragten Bürger teilen. Hier läßt sich möglicherweise auch eine gewisse Bestätigung für die Ansicht finden, daß die Bevölkerung der ehemaligen DDR ihr Heil mehr in kollektiven Lösungen und der Fürsorge des Staates als in der Initiative des Einzelnen suche."[10] Der stellvertretende Vorsitzende der SPD Thierse hat in diesem Zusammenhang den Begriff der "Zuteilungserwartung" geprägt,[11] häufig läßt sich in der Diskussion auch der Begriff der "Versorgungsmentalität" zur Charakterisierung der im Osten häufiger als im Westen zu beobachtenden ausgeprägteren Ansprüche an den Staat finden.[12]

Bei der Frage danach, ob die Verteilung knapper Güter sozial gerecht ist, unterscheiden sich die Deutschen in Ost und West ebenfalls erheblich. Während rund 2/3 der Westdeutschen meinen, daß sie ihren gerechten Anteil oder sogar mehr an materiellen Ressourcen und Belohnungen erhalten, sind mehr als 3/4 der Ostdeutschen davon überzeugt, den Anteil, der ihnen gerechterweise zustünde, nicht zu bekommen.[13]

Auch die Sicherheitsorientierung ist ausweislich von Indikatoren zur Einschätzung von Kriminalität in Ost-Deutschland deutlich ausgeprägter als in Westdeutschland. Obwohl die faktische Kriminalitätsbelastung in den neuen Ländern (wenigstens zur Zeit) nicht höher, sondern teilweise sogar noch niedriger ist, als in den alten Bundesländern, sind die Bundesbürger Ost mit der öffentlichen Sicherheit wesentlich unzufriedener als die Bundesbürger West.[14]

---

7 Noll und Schuster 1992, S. 213; Datenbasis war der ALLBUS 1991.
8 Noll und Schuster 1992, S. 219.
9 vgl. Noll und Schuster 1992, S. 226.
10 Noll und Schuster 1992, S. 226.
11 vgl. Noll und Schuster 1992, S. 226.
12 vgl. dazu Klages und Gensicke 1992, S. 303.
13 vgl. Noll und Schuster 1992, S. 220 f. Die Frage lautete: "Im Vergleich dazu, wie andere hier in Deutschland leben: Glauben sie, daß sie ihren gerechten Anteil erhalten, mehr als ihren gerechten Anteil, etwas weniger als ihren gerechten Anteil oder sehr viel weniger?"
14 vgl. Statistisches Bundesamt (Hrsg.) 1994, S. 523 ff.

So machen sich 72% der Ost-, dagegen nur 55% der Westdeutschen große Sorgen über die Entwicklung der Kriminalität. Die durchschnittliche Zufriedenheit mit der öffentlichen Sicherheit, gemessen auf einer Skala von 0 bis 10, beträgt in Westdeutschland 5,0, im Osten dagegen nur 3,6. Hinsichtlich der Viktimiserungserwartung, also der Angst, Opfer eines Verbrechens zu werden, bestehen ebenfalls klare Unterschiede zwischen den alten und den neuen Bundesbürgern. Die Befragten Ost schätzen ihr Viktimisierungsrisiko durchgängig bei allen erfragten Delikten höher ein als die Befragten West.[15]

Wenn man sich nun die Wahrnehmung und Interpretation von AIDS - also einem ebenfalls Befürchtungen und Ängste evozierendem Phänomen - ansieht, dann zeigt sich im Prinzip das gleiche Muster. Die Belastung mit HIV in den neuen Ländern ist ausweislich der epidemiologischen Daten im Vergleich zu der Situation in den alten Bundesländern marginal, das Ausmaß der Verunsicherungen und Ängste vor AIDS dagegen nicht, wie in den folgenden Kapiteln im Detail dargestellt wird. Ganz im Gegenteil kann hier West-Niveau konstatiert werden - gewissermaßen ist die deutsche Einheit zumindest bei der subjektiven Sichtweise der Krankheit AIDS schon vollzogen.

Wie lassen sich nun diese geringen Unterschiede in der subjektiven Wahrnehmung und Interpretation von AIDS erklären, wenn man die deutlichen objektiven Unterschiede - Epidemiologie von HIV, andere Meldepraxis in der ehemaligen DDR, unterschiedliche Behandlung des Themas in den Medien - berücksichtigt, wenn wir hier also im Prinzip die gleiche Situation feststellen können, wie bei dem Auseinanderklaffen von objektiver Kriminalitätsbelastung einerseits und subjektiver Kriminalitätsangst andererseits?

Die naheliegende Ursache für diese große subjektive Bedeutung von Sicherheit und Schutz ist natürlich in der vielfach als "Vereinigungsschock" bezeichneten sozial-psychologischen Belastung großer Bevölkerungsgruppen im Gefolge der Umbruchsituation nach dem Beitritt zu sehen. "Hierbei wird insbesondere in Rechnung gestellt, daß die Bevölkerung durch den buchstäblich «über Nacht» erfolgten Systemwechsel in die Situation eines «funktionalen Analphabetismus» mit der Folge eines kognitiven Überforderungsschocks"[16] und massiven Verunsicherungen versetzt wurde. Des weiteren traf dieser Vereinigungsschock auch auf eine Gesellschaft, der die zu seiner adäquaten Bewältigung notwendigen

---

15 vgl. dazu Statistisches Bundesamt (Hrsg.) 1994, S. 523-527.
16 Klages und Gensicke 1992, S. 311.

Kompetenzen und Ressourcen strukturell eher fehlten und deren Mitgliedern individuelle Bewältigungsstrategien sozial kaum vermittelt worden waren.

Denn die deutsche Teilung nach dem zweiten Weltkrieg war nicht nur eine nationale, sondern - wie schon angedeutet - zugleich auch eine soziale. Nahezu die komplette bürgerliche Oberschicht, aber auch große Teile des Bildungsbürgertums wanderten - mehr oder weniger freiwillig - früher oder später in den Westen aus. Als Folge davon entwickelte sich in der ehemaligen DDR "ein soziales Gefüge, das ausschließlich aus Unterschicht-Fraktionen und einer sich separierenden Führungselite bestand (...) Differenzierungen, besonders die Entstehung einer neuen Intelligenz sowie die sich zunehmend kastenförmig rekrutierende Schicht der Partei- und Staatsbürokratie entwickelten sich aus dieser sozialen Einschichtigkeit heraus."[17]

Damit einher ging die Modifikation und Prolongierung spezifischer Lebensformen, die sich summarisch als "kleinbürgerlich" bezeichnen lassen.[18] Das betrifft etwa die Haltung dem Staat gegenüber, "die den einzelnen in ein Treue- und Schutz-Verhältnis zur politisch-staatlichen Obrigkeit zieht und in der eine wohlfahrtsstaatliche Versorgungsmentalität mit der Bereitschaft einhergeht, die Belange der öffentlichen Ordnung mit der politischen Machtrepräsentation zu akzeptieren und mitzutragen."[19] Die typische kleinbürgerliche Grundhaltung ist konservativ und eher apolitisch. Sie entstand als Reaktion auf die modernistischen und damit auch verunsichernden politischen Bewegungen des 19. Jahrhunderts, den Liberalismus und den Sozialismus. Kleinbürger "suchen nach weltanschaulichem Halt und ökonomischer Protektion. Der Konservatismus verspricht sie ihnen."[20]

Entsprechend läßt sich auch für die ehemalige DDR die These rechtfertigen, daß es sich hier weniger um einen Typus der modernen Gesellschaft, als vielmehr um eine "realsozialistische Ständeordnung" handelte.[21] Die interne Stratifikation dieser zunächst einschichtigen Formation läßt sich danach wesentlich besser aufgrund "ständischer Merkmale als nach den gewöhnlichen Kriterien der Schichtenkonzepte (Einkommen bzw. Vermögen, Beruf, Bildung, Ansehen etc.) ... erklären. ... Es sind die Distributionen der Macht ..., die die soziologischen Gliederungsgesichtspunkte für die gesellschaftliche Pyramide im Sozialismus

---

17 Woderich 1991a, S. 122.
18 vgl. dazu bezogen auf die ehemalige DDR Gaus 1986; Woderich 1991a und 1992a; Koch, Th. 1992; siehe allgemein zu dem Begriff des Kleinbürgers außerdem Franke 1988.
19 Woderich 1991b, S. 109.
20 Franke 1988, S. 135 f.
21 vgl. Meier 1990, S. 8 ff; siehe auch Geißler 1992, S. 307.

bilden."[22] Meier unterscheidet in diesem Zusammenhang vier große Stände: erstens den herrschenden Stand der "Nomenklatura", zweitens den bürokratischen Stand der mittleren und unteren leitenden Funktionäre, drittens als "eine Art Mittelstand" die Intelligenz und viertens "- von den oberen deutlich abgesetzt, aber in sich, vor allem aufgrund der Arbeitsteilung weithin stark stratifiziert - das «gemeine Volk»: die Arbeiter- und Angestelltenschaft sowie die werktätige Bauernschaft."[23] Wiederum ergibt sich bei diesem Gesellschaftsmodell ein pyramidenförmiger Aufbau der Sozialstruktur, der sich deutlich von dem westlicher Gesellschaften unterscheidet.[24]

Eine ausgeprägtere Orientierung an Autoritäten und rigiden Normen äußert sich auch bei der Bewältigung des Alltags und zwar in Verhaltensformen, die vielfach als Mangel an "Ungezwungenheit", "Lockerheit" oder "innerer Sicherheit" charakterisiert werden. Dieses Defizit an "Lockerheit" bei den Ostdeutschen ist denn auch nicht allein "ein Effekt der unheiligen Allianz von staatlichen und familialen Repressionen in der «realsozialistischen» DDR-Gesellschaft."[25] Vielmehr gehören Dispositionen wie "Ungezwungenheit" oder "innere Sicherheit", wie Koch feststellt, nicht zum Verhaltenserbe von Arbeitern, Bauern und der aus diesen Gruppen hervorgegangenen Intelligenz.[26] Entsprechend fehlt auch den sich aus dieser sozialen Einschichtigkeit rekrutierenden Eliten "ein erhebliches Maß an sozialer und kultureller Kompetenz."[27] Elias verweist in diesem Zusammenhang darauf, daß der massenhafte Aufstieg von Angehörigen vormaliger Unterschichten in Leitungspositionen nichts daran ändert, daß diese ihren jeweiligen kulturellen Traditionen verhaftet bleiben.[28]

Bourdieu hat diesen komplexen Sachverhalt mit seinem Habitus-Begriff zu fassen versucht. Habitus sind im Prozeß der Sozialisation nach Maßgabe bestimmter strukturierender Rahmenbedingungen erworbene Deutungs- und Interpretationsschemata, mittels derer Personen Wirklichkeit erfahren und bewerten und darauf handelnd reagieren. Das Konzept erklärt zum einen die Spontaneität, mit der Personen Situationen für sich definieren und auf sie antworten. Sie verhalten sich somit nicht einfach als Normvollstrecker, sondern handeln strategisch im Feld der ihnen zur Verfügung stehenden Möglichkeiten. Andererseits erklärt diese Theorie aber auch die Eingrenzung der Willkür des

---

22 Meier 1990, S. 10.
23 Meier 1990, S. 10.
24 vgl. Meier 1990, S. 11.
25 Koch, Th. 1992, S. 324.
26 vgl. Koch, Th. 1992, S. 324.
27 Woderich 1991a, S. 122.
28 vgl. Elias 1990, S. 222.

Einzelhandelns und den Umstand, daß Menschen mit gleichen Habitus auch auf neue Situationen ohne Absprache ähnlich reagieren.[29] "Da er ein erworbenes System von Erzeugungsschemata ist, können mit dem Habitus alle Gedanken, Wahrnehmungen und Handlungen, und nur diese, frei hervorgebracht werden, die innerhalb der Grenzen der besonderen Bedingungen seiner eigenen Hervorbringung liegen. Über den Habitus regiert die Struktur, die ihn erzeugt hat, die Praxis, und zwar nicht in den Gleisen eines mechanischen Determinismus, sondern über die Einschränkungen und Grenzen, die seinen Erfindungen von vornherein gesetzt sind. Als unendliche, aber dennoch strikt begrenzte Fähigkeit zur Erzeugung ist der Habitus nur so lange schwer zu denken, wie man den üblichen Alternativen von Determiniertheit und Freiheit, Konditioniertheit und Kreativität, Bewußtem und Unbewußtem oder Individuum und Gesellschaft verhaftet bleibt, die er ja eben überwinden will."[30]

Geht man von einem solchen "kleinbürgerlichen" Habitus aus, dann sind "die Haltung der Risikoabweisung mittels Staatsfürsorge und das «Gleichheitssyndrom» in vierzig Jahren DDR nicht geschaffen [worden], sondern das Streben «kleiner Leute» nach Absicherungen vor den Unwägbarkeiten des Arbeitsmarktes wurde in spezifischer Weise aufgegriffen und ausgeformt."[31] Einher mit einem ausgeprägten Bedürfnis nach Sicherheit und Ordnung geht die Präferierung von Verhaltensmustern wie "Rigidität und Konformität; die Intoleranz gegenüber dem Fremden; die rigide Abweisung kultureller Formen, die nicht ihren Anteil zur Wiederholung des Bekannten beitragen."[32]

So war beispielsweise Ausländerfeindlichkeit als eine Variante von Fremdenfeindlichkeit aller offiziell gepredigten Völkerfreundschaft zum Trotz bereits zu DDR-Zeiten relativ weit verbreitet.[33] Dazu ist allerdings anzumerken, daß die Staatsführung entsprechende Verhaltensdispositionen als Loyalisierungs- und Disziplinierungsinstrument förderte, da die Ausgrenzung von anderen, als fremd definierten Gruppen zur täglichen Praxis gehörte und auch Gewaltakte gegen Regimegegner (wozu auch religiöse und sexuelle Minderheiten gehören konnten) politisch ignoriert oder sogar gutgeheißen wurden.[34]

---

29 vgl. dazu Eirmbter, Hahn und Jacob 1993, S. 16.
30 Bourdieu 1987, S. 102. Für eine ausführliche und kritische Behandlung dieses Konzepts vgl. Bohn 1991; siehe außerdem Janning 1991; Müller 1992a und 1992b.
31 Koch, Th. 1992, S. 324.
32 Woderich 1991b, S 114 f.
33 vgl. dazu Krüger-Portratz 1991.
34 vgl. Krüger-Portratz 1991, S. 2.

Konventionalität und Konformität als Elemente eines "kleinbürgerlichen" Habitus lassen sich als bestimmende Faktoren auch bei der Ausbildung von alltäglichen Lebensformen beobachten. So kommt etwa Woderich zu dem Schluß: "In einer vom Weltwind kaum gestreiften Gesellschaft mit reduzierter Sozialdynamik, gebrochener Subjektivität der Akteure und umfassender Nivellierung sind Habitusformen der Distinktion, der Selbstinszenierung und -stilisierung kaum zu erwarten und nur schwer auszubilden. Es fehlte allenthalben das Bunte, das Freche, das Extravagante."[35] Es ging vielmehr um Angleichung und Nachholen, um Gleichziehen mit den Nachbarn. Eng zusammen mit Konventionalität und Konformität hängt ein Schema zur Orientierung und insbesondere auch zur Taxierung anderer und fremder Lebensweisen, das man als "Normalitäts-Syndrom" bezeichnen kann.[36] "Dabei handelt es sich bekanntlich um ein tradiertes Deutungsmuster kleinbürgerlicher Mentalitäten, das in der deutschen Sozialgeschichte fest verankert ist. Wenngleich weniger stringent gehandhabt als in den Verhaltensmustern von Sozialcharakteren des 19. Jahrhunderts, boten doch provinzielle Enge, Defizite in den Wahlmöglichkeiten und Erlebnishorizonten hinreichend Nährboden für die Reproduktion dieses Axioms zur Gewährleistung von Verhaltenssicherheit im öffentlichen und privaten Leben [der DDR, die Verf.]."[37]

Auch für die Gesellschaft der ehemaligen BRD läßt sich eine Gruppierung finden, die man hinsichtlich bestimmter sozialstruktureller Merkmale und grundlegender Mentalitäten als "kleinbürgerlich" in dem oben skizzierten Sinn charakterisieren kann. Sehr detailliert beschrieben wird dieser Typus beispielsweise von Schulze in seiner Untersuchung zur "Erlebnisgesellschaft"[38] und trägt bei ihm die Bezeichnung "Harmoniemilieu". Mit dem Begriff des "Milieus" werden hier "Gemeinschaften der Wirklichkeitsinterpretation und der Wirklichkeitsselektion, ... Gemeinschaften der Weltdeutung" belegt.[39] Es handelt sich also um Personengruppen, die sich durch gruppenspezifische Existenzformen und erhöhte Binnenkommunikation voneinander abheben, was dazu führt, daß sie auch als in spezifischer Weise segmentierte Wissensgemeinschaften mit typischen gemeinsamen Sichtweisen und Interpretationsmodi, komplexen Einstellungssyndromen und Verhaltensdispositionen angesehen werden können.[40]

---

35 Woderich 1991a, S. 128.
36 vgl. Woderich 1991a, S. 130.
37 Woderich 1991a, S. 130.
38 vgl. Schulze 1992.
39 Schulze 1992, S. 266 f.
40 vgl. Schulze 1992, S. 174 f.

Das "Harmoniemilieu" ist hinsichtlich sozialstruktureller Merkmale ebenfalls eindeutig als Unterschichtenfraktion einzustufen: "Fast ausschließlich gehören die berufstätigen Personen in diesem Milieu den unteren Berufsgruppen an ... Der Anteil von Hausfrauen, Rentnern und Rentnerinnen ist in diesem Milieu besonders hoch."[41] Sozial dominiert im Harmoniemilieu ein Klima, in dem sich die Suche nach "Gemütlichkeit" und die Meidung von als "ungemütlich" empfundenen Störungen miteinander verbinden: "Man ist einander nahe; die Gesichter sind freundlich; für das leibliche Wohl ist gesorgt; man sitzt; alles ist vertraut; nichts wird vom einzelnen verlangt, außer die Gemütlichkeit nicht zu stören. ... Nach außen hin ist der Topos der Gemütlichkeit abgeschlossen: räumlich begrenzt, sozial auf die Sphäre des Bekannten reduziert, zeitlich gegen die Zukunft abgeschirmt. Es gibt keine Gemütlichkeit unter freiem Himmel, allein oder mit völlig Fremden, aufgewühlt durch Unerwartetes."[42] Mit dem Bedürfnis nach Gemütlichkeit eng zusammen hängt die Angst vor allem Neuen, Unbekannten, Unstrukturierten, Konflikthaften, "ein Mißtrauen gegenüber der Welt jenseits der kleinen geordneten Mikrokosmen des Trivialschemas. Daraus entsteht antiexzentrische Distinktion."[43] Damit wird der Wunsch nach Zugehörigkeit zu einer Gemeinschaft Gleicher und Gleichgesinnter bezeichnet. Man will nicht auffallen und lehnt Fremde und Individualisten ab und zwar insbesondere dann, wenn man vermutet, daß sie mit ihrer Eigenart gerade auffallen oder provozieren wollen.[44]

Mithin hängen, was auch die Ergebnisse von Schulze zeigen, die Sehnsucht nach Gemütlichkeit und die Angst vor Fremden eng miteinander zusammen. Diese Sehnsucht findet sich besonders intensiv bei Menschen, die zu Rückzug und Resignation neigen, anderen gegenüber eher mißtrauisch sind, wenig Zutrauen zu sich selbst und ihren Fähigkeiten besitzen. Unbekannte und unstrukturierte Situationen werden als bedrohlich und angsteinflößend empfunden. "Kehrseite der Angst ist ein Bedürfnis nach Schutz".[45] Ihm entspricht die "Sehnsucht nach Sicherheit, Anlehnung, Heimat"; sie "antwortet auf die Suche nach Geborgenheit"[46] und Harmonie. "Im Weltbild des Harmoniemilieus dominiert als primäre Perspektive die Dimension der Gefahr. Gegeben ist eine potentiell bedrohliche Welt. Aus diesem milieuspezifischen Ur-Mißtrauen heraus entsteht eine Tendenz, den Wirklichkeitshorizont überhaupt zu reduzieren. Durch Vermeidung des Neuen wird selektive Wahrnehmung auf die

---

41 Schulze 1992, S. 299.
42 Schulze 1992, S. 151.
43 Schulze 1992, S. 153.
44 vgl. Schulze 1992, S. 152.
45 Schulze 1992, S. 153.
46 Schulze 1992, S. 153.

Spitze getrieben. Auf nichts anderes läuft Rigidität, wie sie in dieser Untersuchung durch eine Skala gemessen wurde, hinaus: Angst vor dem Unbekannten, vor nicht durch Regeln abgesicherten Situationen, vor Drahtseilakten der Bewältigung des Ungewohnten. ... Von der Wirklichkeit ist nichts Gutes zu erwarten, von anderen Menschen nicht, von der Zukunft nicht, ... Skalen, die diese Bereiche ansprechen, erreichen im Harmoniemilieu durchgängig Höchstwerte: paranoide Tendenzen ... Egoismus ... Fatalismus".[47]

Wie unsere Untersuchung über die Einschätzung von AIDS in den alten Bundesländern zeigte, manifestiert sich diese "Angst vor allem Neuen, Unbekannten, Konflikthaften"[48] auch im Umgang mit Krankheiten und Kranken, also mit Realitätsbereichen, die diese Aspekte von Unsicherheit idealtypisch vereinigen. Schwere Krankheiten wie AIDS sind Phänomene mit unsicherem Ausgang, ihre Konsequenzen und Implikationen sind in jedem Fall aber negativ und unerwünscht. Die Medizin, die in unserer Gesellschaft offiziell für Krankheit zuständig ist, stellt allgemein verbindliche Regeln zu ihrer Bewältigung jenseits mehr oder weniger konkreter therapeutischer Empfehlungen und Maßnahmen nicht zur Verfügung. Die Medizin bietet keine "Sinnerklärungen" und gerade bei langwierigen Krankheiten zudem häufig weder "Tröstliches" noch "Geborgenheit". Im Gegenteil scheint der hochgradig technisierte und rationalisierte Medizinbetrieb Unsicherheiten und Ängste noch zu befördern. Krankheiten verstärken somit zum einen das Bewußtsein einer bedrohlichen Welt und fungieren zum anderen auch als Kristallisationskerne für diffuse allgemeine Ängste.

Gerade AIDS bietet sich als Projektionsfläche für vielfältige und auch eher diffuse Ängste geradezu an. Denn die Brisanz des Themas hängt, wie Rosenbrock festgestellt hat, zusammen mit "Elementen der physiologischen Natur des Problems (Geschlechtskrankheit, extrem lange Latenzzeit und hohe Ungewißheit des Ausbruchs, meist tödliches Ende der Krankheit), seiner geheimnisvoll-exotischen Herkunft und der gesellschaftlichen Randlage der zufällig zuerst sichtbar gewordenen Betroffenengruppen ... Damit ist ein Ensemble versammelt, das in geradezu einmaliger Konstellation atavistische Ängste, Wünsche und Vorurteile mobilisieren *kann*: Es geht um die Verbindung von Sex, käuflichem Sex, Perversion, Orgien, Sucht unsichtbaren Feinden und dem Tod, in *einem* Thema."[49] Diese "ungemütliche" Gemengelage bietet mithin hinreichend Anlaß für spezifische Meidereaktionen und Ausgrenzungstendenzen. Anders formuliert: Men-

---

47 Schulze 1992, S. 293 f.
48 Schulze 1992, S. 153.
49 Rosenbrock 1986, S. 20 f.

schen, für die "Gemütlichkeit" einen hohen Stellenwert besitzt, können ausgesprochen "ungemütlich" werden, wenn eben diese Gemütlichkeit subjektiv gestört oder bedroht erscheint.

Subjektiv bewältigen lassen sich diese Brisanz und die damit verbundenen Unsicherheiten zunächst also durch kognitive Vermeidung, indem Krankheiten aus dem individuellen Wahrnehmungshorizont ausgeblendet werden, solange es irgendwie geht, und Kranke als Fremde definiert werden, um Identifikationen zu vermeiden. Wenn sich Krankheiten aber doch unabweisbar aufdrängen, was etwa mit zunehmendem Alter kaum zu vermeiden ist, gewinnen gruppenspezifische tradierte Sinngebungen eine besondere Bedeutung. Diese beinhalten in Anbetracht der existentiellen Verunsicherungen, mit denen Krankheiten stets verbunden sind, vielfach religiös geprägte Erklärungsmuster - Krankheiten werden aufgefaßt als von Gott gesandt, als Plage, als Strafe, als Prüfung, als Mahnung zur Umkehr. Gemeinsam ist diesen ätiologischen Erklärungen eine fatalistische Grundhaltung.[50] Sozialstrukturell deckt sich die Gruppierung, die AIDS in dieser Weise interpretiert und in spezifischer Weise sinnhaft zu bewältigen versucht, mit dem von Schulze beschriebenen "Harmoniemilieu": Es handelt sich eher um ältere Befragte mit niedrigem formalen Bildungsstatus und entsprechenden beruflichen Positionen.

In unserer Befragung wie auch in der Untersuchung von Schulze zeigt diese Gruppierung starke Tendenzen zum Rückzug aus der Öffentlichkeit, die mit Bedrohtheitsgefühlen eng zusammenhängen: "Unübersehbar ist eine milieuspezifische Tendenz zum Rückzug in die Privatsphäre und zur Inaktivität."[51] Ähnlich auch an anderer Stelle: "Kein Milieu tritt öffentlich weniger in Erscheinung, ... kein Milieu hat eine stärkere Neigung zum Rückzug in die eigenen vier Wände. Man bleibt, wo man sich am sichersten fühlt: zu Hause. Die Offenheit, auch im sozialen Sinne ... ist gering. Verunsichernde Wirklichkeitsbereiche ... werden aus der Wahrnehmung ausgeblendet."[52] Politisch ist das Milieu - bei geringer eigener politischer Partizipation - konservativ eingestellt. "Auffällig ist die besonders hohe Neigung zur politischen Unterordnung."[53] Dieses Milieu ähnelt damit auch der von Bourdieu für Frankreich identifizierten Klasse des "absteigenden Kleinbürgertums",[54] für das die Zentralität solcher Werte wie

---

50 vgl. dazu genauer Jacob 1995.
51 Schulze 1992, S. 297.
52 Schulze 1992, S. 294.
53 Schulze 1992, S. 299.
54 Vgl. Bourdieu 1984, S. 541.

Sauberkeit und Ordnung, Sicherheit und die Orientierung am Althergebrachten und Bewährten wie auch repressive Neigungen ebenfalls charakteristisch sind.[55]

Vor dem Hintergrund dieser milieutheoretischen Überlegungen und entsprechenden Forschungsergebnissen ist damit nicht so sehr die Tatsache überraschend, daß es in den neuen Ländern ausgeprägte AIDS-Ängste gibt, sondern vielmehr der Umstand, daß diese Befürchtungen und Projektionen nicht noch viel ausgeprägter sind. Denn wenn man den sozialstrukturellen Hintergrund der Bevölkerung der neuen Länder und damit verbundene typische Mentalitäten in die Diskussion über Milieus und Lebensstile einordnet, dann könnte man erwarten, die zuvor beschriebenen Mentalitäten und Bewältigungsstrategien in der Bevölkerung der ehemaligen DDR ganz besonders ausgeprägt zu finden.

Gegen diese Vermutung sprechen aber unsere empirischen Befunde, wonach AIDS-Vorstellungen und Ängste eine ähnliche Ausprägung und Verteilung aufweisen wie in den alten Ländern und auch nach den gleichen zentralen soziodemographischen Merkmalen, nämlich Alter und Bildungsstatus, variieren. Von der Existenz eines weitgehend homogenen Milieus mit homogenen Sichtweisen kann also für die neuen Länder nicht (mehr?) gesprochen werden, vielmehr zeichnen sich Differenzierungen ab, die denen im Westen strukturell entsprechen.

Ursächlich für diese Differenzierungen scheint ein spätestens seit den achtziger Jahren in der ehemaligen DDR feststellbarer Modernisierungsschub zu sein, der "vor allem in der Jugend nachweislich einen zunehmenden Wertewandel [initiierte], in dessen Verlauf Selbstentfaltungswerte an Boden gewannen und der somit grundsätzlich gesehen mit dem Wertewandel in der (alten) Bundesrepublik kompatibel ist."[56] Erst dieser Modernisierungsschub dürfte auch die sozialpsychologischen Voraussetzungen für die "Wende" geschaffen haben und läßt sich in einen längeren Prozeß einordnen, den Klages und Gensicke in vier Phasen gegliedert haben:[57]

- 1. Phase (Dauer: mindestens zwanzig Jahre): "Einsetzen ideologisch bestimmter gewaltsamer Enttraditionalisierungsvorgänge; gleichzeitig aber auch: ideologische «Überformung» bestimmter traditionaler Werte, die dadurch stabilisiert werden (Beispiele: ... quasi-kleinbürgerliche Konsumbe-

55 Zur genaueren Beschreibung des "absteigenden Kleinbürgertums" vgl. Bourdieu 1984, S. 541-549.
56 Klages und Gensicke 1992, S. 308.
57 vgl. dazu Klages und Gensicke 1992, S. 310 f.

schränkung, egalitäre Sozialordnung mit Werte-Entsprechungen in der herkömmlichen (Teil-)Gesellschaft der «kleinen Leute»)."

- 2. Phase (spät anschließend und relativ kurz): "innere Abnabelung wachsender Teile der Gesellschaft vom System; Entstehung einer informal-nischengesellschaftlichen Privatsphäre bei gleichzeitiger Ausbildung einer mit Rollendistanz verbundenen adaptiven Verhaltenskompetenz gegenüber den Herrschaftsträgern als einer DDR-spezifischen systemtypischen Modernisierungskomponente."

- 3. Phase (beginnend in den achtziger Jahren): "Abwendung großer Bevölkerungsteile von dem unglaubwürdig werdenden System; Steigerung der Rollendistanz unter Ausbildung massenwirksamer devianter Verhaltenspraktiken; zunehmende Orientierung an dem über das Fernsehen zugänglichen Alternativsystem des westlichen "Klassenfeindes", das geradezu einer Idealisierung verfällt; ansteigende Rangposition hedonistischer Werte vor allem in der Jugend, prärevolutionäre Disposition."

- 4. Phase (seit ca. 1989): "Einstellung auf die in Verbindung mit dem Übergang ins westliche System antizipierten neuen Anforderungen und Chancen: Aktualisierung vorhandener Wertereserven in Richtung eines «konventionalistischen Selbstbezugs» mit der Folge eines Wiederanstiegs kurze Zeit vorher noch absinkender Werte wie Arbeitsethos, Selbstkritik, Wissen: Die «Wende» als Wertewandelsgenerator."

Insbesondere die Phase 3 ist hier noch näher zu betrachten: In einer Vielzahl von Untersuchungen nach der "Wende" 1989 wurden die vergleichsweise geringen Differenzen in Meinungen und Einstellungen, in Werten und Präferenzen zwischen West- und Ostdeutschen herausgestellt. Sozialisatorische Effekte insbesondere des West-Fernsehens hatte die faktische Vereinigung in den Köpfen bereits in großen Teilen vorweggenommen. Es wurde gleichsam zusammengeführt, was schon zuvor über Jahre hinweg durch Übernahme westdeutscher Standards im Denken und Fühlen zusammengewachsen war.

So gesehen können die geringen Unterschiede zwischen West- und Ostdeutschen nicht überraschen, und in dieser Perspektive wird auch die rasche Übernahme westlicher Konsumstandards mit der zeitweisen Ablehnung aller ostdeutschen Produkte verständlich. Die Aspekte der "Konventionalität" und "Konformität", die "kleinbürgerliche Habitus" charakterisieren, implizieren Formen des Nachholens, Gleichziehens und Anpassens als Lebensstrategien. Diese Formen der Angleichung und des Nachziehens bestimmten in erheblichem

Maß auch die "Wende" in der ehemaligen DDR. Endlich konnte man so sein "wie die im Westen", konnte man konsumieren, was man jahrzehntelang entbehren mußte, aber schon immer haben wollte; eigene Errungenschaften, eigene Produkte und Leistungen blieben dabei zunächst auf der Strecke und galten wenig. Um dieses Aufholens und Gleichziehens willen war man auch bereit, Nachteile und Risiken zu übernehmen oder sogar zu übersehen.

Auf der gleichen Ebene lassen sich auch Erklärungen finden für die nur geringen Abweichungen bei vielen Aspekten unserer Befragung zu AIDS. Auch im Hinblick auf AIDS dürfte diese eben genannten Disposition anfänglich - zumindest bei bestimmten Gruppen - vorgeherrscht haben. Erst einmal überwog die neue Freiheit auch in dem Bereich des Hinter-Sich-Lassens realsozialistischer Prüderie und entsprechender Moralvorstellungen. In dem Maß freilich, in dem das Neue zum Normalen und Alltäglichen herabsank, schwand auch die Blindheit für Risiken, wurden auch die Nachteile offensichtlich.

Mittlerweile scheint man in den neuen Bundesländer sehr präzise zu wissen, daß nicht nur Gutes aus der alten BRD kommt, daß Unwägbarkeiten und Unsicherheiten, Gefahren und Risiken ebenso zu den Resultaten der Wende gehören. Teilweise hat dies eine Ernüchterung, teilweise Enttäuschung und teilweise auch eine Glorifizierung alter DDR-Zeiten zur Folge.

Heute, im sechsten Jahr der Vereinigung, ist die Haltung der Bevölkerung in den neuen Bundesländern mithin wesentlich kritischer gegenüber der alten Bundesrepublik als dies noch zu Zeiten unserer Befragung 1992 der Fall war. Dies zeigt sich in allen Untersuchungen und dies müßte - so unsere These - sich auch in einer neuerlichen Untersuchung zu Ängsten vor AIDS niederschlagen.[58] Die Bürger der neuen Bundesländer dürften derzeit eine Phase durchlaufen, die als Phase der Rückbesinnung ein retardierendes Moment der Übernahme westlicher Werte und Standards darstellt. Das Vier-Phasen-Modell von Klages und Gensicke wäre demnach zu erweitern um eine solche 5. Phase, bevor in einer weiteren 6. Phase eine weitgehende Assimilation vollzogen sein wird.

Erst einmal läßt sich mit dem Vier-Phasen-Modell aber auch im Zusammenhang mit den vorliegenden Daten arbeiten, da die vorliegende Befragung in den neuen Ländern im Winter 1991/92 stattgefunden hat. Es zeigte sich in dieser Befragung, daß Alter und formaler Bildungsstatus (wie im Westen auch) die ent-

---

58 Inwieweit diese These zutrifft, werden wir - unter anderem - in einer Replikationsstudie 1995 überprüfen.

scheidenden Variablen für Wahrnehmung und Interpretation eines mit massiven Unsicherheiten verbundenen Phänomens wie AIDS sind.

Inwieweit allerdings vor dem Hintergrund differentieller gesellschaftlicher Entwicklungen in Ost- und Westdeutschland in den letzten 40 Jahren (und zusätzlichen verunsichernden Aspekten der AIDS-Thematik wie der Diskussion um verseuchte Blut-Präparate) möglicherweise noch eine Auseinanderentwicklung der Einschätzungen der Krankheit in den alten und den neuen Ländern zu erwarten ist, ist eine derzeit offene Frage und nicht zuletzt davon abhängig wie und wie schnell die aktuelle Transformationskrise überwunden wird. Hier gibt es Befürchtungen, daß bei einem längeren Fortdauern dieser Krise neben den oben schon angesprochenen Formen der Rückbesinnung mit einer "Reaktivierung (oder Re-Aktualisierung) von Einigelungs-, Distanzierungs- und Reaktanzdispositionen zu rechnen"[59] ist, die sich dann auch bei der Deutung von AIDS auswirken dürften. Zur Klärung dieser Frage bedarf es natürlich einer kontinuierlicheren Primärdatenerhebung "mit dem Ziel des Aufbaus von möglichst dichten Zeitreihen subjektiver Daten."[60] Hier stimmen wir dem Fazit von Klages und Gensicke uneingeschränkt zu, wonach eine Politik, die unter diesen Umständen des gesellschaftlichen Umbruchs "an der empirischen Sozialforschung spart, um sie vielleicht später einmal vermehrt zu fördern, .. mit hoher Wahrscheinlichkeit Versäumnisse auf sich nehmen müssen [wird], die nie wieder gut zu machen sind."[61] Insofern begrüßen wir es sehr, daß das BGA sich dazu entschlossen hat, eine zweite Welle unserer Befragung zu fördern, um Fragen wie die eben angerissenen angemessener beurteilen zu können.

---

59 Klages und Gensicke 1992, S. 314.
60 Klages und Gensicke 1992, S. 315.
61 Klages und Gensicke 1992, S. 315.

3. Erhebungsdesign

Wie schon die vorangegangene Befragung in den alten Bundesländern sollte auch diese Untersuchung einen Überblick über Ausprägungen und Verbreitung alltagstheoretischer Krankheitskonzepte und damit verbundene Ausgrenzungstendenzen sowie über das gesellschaftliche Potential für administrative Zwangsmaßnahmen vermitteln. Deshalb wurde für beide Befragungen eine für die erwachsene deutsche Wohnbevölkerung repräsentative Querschnittbefragung gewählt, wobei für die Auswahl der Zielpersonen das Master-Sample des ADM (Arbeitskreis Deutscher Marktforschungsinstitute e.V.) eingesetzt wurde.[1]

Dabei handelt es sich um eine geschichtete, dreistufige Zufallsauswahl, wobei Stimmbezirke oder synthetische Stimmbezirke die erste Stufe darstellen, Privathaushalte die zweite und Personen schließlich die dritte. Dieses Verfahren ist aus wirtschaftlichen und aus Gründen der Praktikabilität ein verbreitetes und anerkanntes Auswahlverfahren der Sozialforschung. Grundgesamtheit bei ADM-Master-Sample-basierten Erhebungen ist die bundesdeutsche erwachsene Wohnbevölkerung in Privathaushalten.

Der Fragebogen, dessen Beantwortungszeit durchschnittlich jeweils ca. 30 Minuten betragen hat (wobei der Ost-Fragebogen leicht modifiziert wurde), war Bestandteil des "ZUMA-Sozialwissenschaften-BUS". Der ZUMA-BUS ist eine Mehrthemenbefragung, die mehrmals jährlich von ZUMA/Mannheim durchgeführt wird. Die Befragung in den alten Ländern fand statt vom 21. Mai bis zum 3. Juli 1990, die in den neuen Ländern vom 6. November bis zum 17. Dezember 1991. Als Folge eines Poststreiks wurde außerdem eine Nacherhebung in Thüringen und Sachsen-Anhalt erforderlich, die zwischen dem 6. und 18. Februar 1992 durchgeführt wurde.

Es wurden im Westen 2198, im Osten 2132 auswertbare Befragungen realisiert. Die Ausschöpfungsquote belief sich im Westen auf 71,2 %, im Osten auf 70,4 %.

---

1 Ausführlich zur Vorgehensweise beim ADM-Mastersample: Kirschner 1984; ADM (Hrsg.) 1979.

4. Darstellung der Ergebnisse

Im Anschluß werden zunächst Instrumententests und Datenmodifikationen für die in der Analyse verwendeten Konstrukte erläutert. Daran anschließend werden zentrale inhaltliche Aspekte des Untersuchungsthemas analysiert, um einen differenzierteren Überblick über die Problemlage zu vermitteln. Die Themengebiete, die nachfolgend untersucht werden, sind:

Zentralität von AIDS

Wahrnehmung von AIDS
- Individueller Kenntnisstand
- Laienätiologische Krankheitsvorstellungen und Schuldzuschreibungen
- AIDS als Risiko oder als Gefahr

Umgang mit AIDS
- Ausgrenzung Betroffener aus dem Alltag
- Akzeptanz administrativer Maßnahmen
- Bereitschaft zur Solidarität mit Betroffenen
- Reale Gefährdung und Schutzmaßnahmen

Neben der für die alten und neuen Bundesländer getrennten Darstellung der univariaten Verteilungen werden die verwendeten Variablen im Sinn einer differentiellen Deskription und Ursachenanalyse für beide Befragungsgebiete auch mit folgenden individuellen wie sozialräumlichen Einflußgrößen kontrastiert:

- Altersklassen
- Bildungsstatus
- Wohnortgrößenklassen

Das *Geschlecht* taucht deshalb in dieser Liste nicht auf, weil sich bei fast allen Fragen keine signifikanten Unterschiede zwischen Männern und Frauen feststellen ließen. Der Fragebogen mit den univariaten Verteilungen der erhobenen Merkmale (ebenfalls für Ost- und für Westdeutschland getrennt ausgewiesen) findet sich im Anhang (Angaben von Fragennummern im folgenden Text beziehen sich auf die Numerierung im Fragebogen).

4.1 Datenmodifikationen

In diesem Kapitel werden Instrumententests und Datenmodifikationen erläutert. Die Auswertung der Daten erfolgte mit dem Programmpaket SPSS-PC+.

Einstellungsdimensionen

Folgende Untersuchungsdimensionen, die in diesem Bericht dargestellt werden, sind - wie auch in der Befragung in den alten Bundesländern[1] - mit Hilfe von Statementbatterien operationalisiert worden:

- Ausgrenzung Betroffener
- Alltagstheoretische Krankheitsvorstellungen und Schuldzuschreibungen
- AIDS als Gefahr oder als Risiko
- Bereitschaft zur Solidarität mit Betroffenen

Zur Überprüfung der Statements auf Eindimensionalität wurde mit den Items nach einer Vereinheitlichung der Polung eine Faktorenanalyse[2] durchgeführt. Dabei lassen sich einige graduelle und eine prinzipielle Abweichung von den Ergebnissen für die Befragung West beobachten.

Graduelle Unterschiede zeigten sich bei der unterschiedlichen Ladung einzelner Items. Item 15 A ("Kein Kontakt mit Infizierten") beispielsweise lädt im Westen eindeutig auf dem Faktor, der Ausgrenzung repräsentiert (mit .707), während dieses Statement im Osten ähnlich hohe Faktorladungen auf dem Faktor "Ausgrenzung" (.479) und dem Faktor Schuldzuschreibung aufweist (.397).

Item 15 C ("Wegen AIDS außerhalb der eigenen vier Wände nicht mehr sicher") und Item 20 A ("Wegen AIDS jedem mißtrauen"), die wir als Indikatoren für eine grundlegende Interpretation von AIDS als Gefahr operationalisiert hatten, laden eindeutig auf dem Ausgrenzungsfaktor, während sie bei der Befragung im Westen zwischen diesem Faktor und der Neigung zu Schuldattributionen breiter streuten. Daß die Beurteilung von AIDS als einer Gefahr und die Bereitschaft, Betroffene auszugrenzen, hoch korrelieren, haben wir erwartet, denn wer AIDS als tödliche Gefahr ansieht, die "überall lauert" und vor der es

---

1 Zu Datenmodifikationen des West-Datensatzes vgl. Eirmbter, Hahn und Jacob 1993.
2 vgl. dazu Holm 1979; Brosius 1989; Backhaus u.a. 1990.

wenig Schutz gibt, der muß zwangsläufig Betroffene auf Distanz halten, um sich selbst nicht anzustecken. Da es sich in dem einen Fall aber um eine grundlegende Sichtweise, in dem anderen Fall dagegen um eine Reaktionstendenz oder Verhaltensdisposition handelt, wurden die Items für die weitere Analyse getrennt.

Anders als im Westen lassen sich für die Ost-Befragung aber auch ein eigenständiger Gefahr-Faktor und ein Risiko-Faktor ermitteln. Auf dem Gefahr-Faktor laden die beiden anderen Indikatoren des Gefahr-Konstruktes, wie wir sie bereits für die Befragung in den alten Bundesländern verwendet haben, nämlich 7 D ("Kein Schutz vor AIDS") und 7 G ("AIDS-Gefahren lauern überall"). Diese Items thematisieren die Schutzlosigkeit vor und die Allgegenwart von AIDS, ohne aber im Unterschied zu den vorgenannten Statements 15 C und 20 A auch Verhaltensdispositionen zu implizieren. Gleichwohl wiesen diese Items bei der West-Befragung eine ähnliche Streuung auf wie 15 C und 20 A.

Daß sich zudem ein eigenständiger Risiko-Faktor für die Befragung in den fünf neuen Länder isolieren läßt, liegt vermutlich daran, daß hier nach den schlechten Erfahrungen in der West-Befragung das Meßinstrument modifiziert und ein neues Item verwendet wurde, nämlich 7 C ("Weil die Ansteckungswege bekannt sind, kann man sich vor AIDS schützen"). Ebenso wie in 7 G ("Lebensweise schützt vor AIDS"), geht es hier um individuell steuerbare Schutzmöglichkeiten, wobei die Varianz in den Antworten in den neuen Ländern deutlich breiter ist als in den alten.

Im folgenden weisen wir die Matrix rotierter Faktorladungen aus.[3] Der Großbuchstabe vor jedem Item bezeichnet die Dimension, die damit indiziert werden sollte. A bedeutet Bereitschaft zur Ausgrenzung von vermeintlich oder tatsächlich Betroffenen, S meint Schuldattributionen, G steht für die Interpretation von AIDS als weitverbreiteter Gefahr, R bezeichnet die Einschätzung von AIDS als einem vermeidbaren Risiko und H die Bereitschaft zu Hilfe und Solidarität.

---

3 Varimax-Rotation, Hauptkomponentenextraktion. Ausgewiesen werden nur die Faktoren, die in der weiteren Analyse verwendet werden. Zwei Faktoren, auf denen die Items 7 A ("Unwohlsein im Kreis von Kranken") und 7 B ("Zuviele Berichte über Krankheit und Tod") bzw. 20 E ("Staat muß Ausbreitung stoppen") laden, wurden nicht weiter berücksichtigt.

Tab. 4.1.1:   *Matrix rotierter Faktorladungen (Ost-Befragung)*

Item	Faktor Nr.: 1	2	3	4	5
S 10 G	.761				
S 10 F	.738				
S 10 K	.735				
S 10 D	.718				
S 10 H	.678				
S 10 B	.656				
S 10 C	.534				
A 20 B		.740			
A 20 D		.725			
G 20 A		.649			
G 15 C		.623			
A 15 C		.601			
A 15 D		.540			
A 15 A	.397	.479			
H 10 A			.770		
H 20 C			.761		
G 7 F				.721	
G 7 D				.648	
R 7 C					.759
R 7 G					.736

Faktor 1: Schuldattributionen
Faktor 2: Ausgrenzung und Kontaktmeidung
Faktor 3: Hilfe und Solidarität
Faktor 4: AIDS als Gefahr
Faktor 5: AIDS als Risiko

Aus den jeweiligen Einzel-Items wurden additive, ungewichtete Skalenwerte für jeden Befragten errechnet. Die Codezahlen der verwendeten Statements wurden für jeden Befragten addiert und durch die Gesamtzahl der Antworten geteilt und gerundet. Die damit errechneten Kennwerte haben die gleiche Dimension wie die sie konstituierenden Variablen und sind unmittelbar interpretierbar. Wie bei den Ausgangsstatements variieren diese Skalenwerte zwischen 1 ("stimme sehr zu") und 5 ("lehne sehr ab").

Um die Ergebnisse der Erhebungen in Ost- und Westdeutschland vergleichbar zu machen, wurden bei der Skalenbildung die gleichen Items verwendet. Für die Skala "Ausgrenzung" bedeutet dies, daß Item 15 A trotz breiterer Streuung hier miteinbezogen wurde. Demgegenüber wurde bei dem Konstrukt

"Schuldattributionen" auf die Verwendung des Statements 10 C für die Skalenbildung verzichtet, da es sich hier um ein neues Item handelt.

Im einzelnen sind damit folgende Items den jeweiligen Einstellungsdimensionen zugeordnet worden:

1. Alltagstheoretische Krankheitsvorstellungen und Schuldzuschreibungen

10 G: "Schuld an AIDS sind die Hauptrisikogruppen"
10 F: "Unsere heutige Zeit mit ihrer Vergnügungssucht und all den Ausschweifungen hat AIDS erst möglich gemacht"
10 K: "Durch AIDS gefährdet sind doch in erster Linie ganz bestimmte Gruppen wegen ihres Lebenswandels"
10 D: "AIDS-Infizierte haben meist einen fragwürdigen Lebenswandel"
10 H: "Wenn alle so leben würden wie ich, gäbe es kein AIDS, und wir alle müßten keine Angst vor Ansteckung haben"
10 B: "AIDS ist die Geißel der Menschheit und die Strafe für ein unmoralisches, zügelloses Leben"

2. Ausgrenzung Betroffener

20 B: "Zumindest in der Freizeit sollten sich die Gesunden Bereiche schaffen dürfen, wo man vor AIDS sicher ist"
20 D: "Ich hätte Verständnis dafür, wenn die Gesunden sich zusammenschließen und für sich bleiben"
15 B: "Ein AIDS-Kranker in meiner Nachbarschaft würde mich stören"
15 D: "Es ist unverantwortlich, AIDS-kranke Kinder zusammen mit gesunden Kindern spielen zu lassen"
15 A: "Wenn ich es mir recht überlege, möchte ich mit AIDS-Infizierten doch lieber gar keinen Kontakt haben"

3. Hilfe und Solidarität

10 A: "AIDS geht uns alle an, nicht nur bestimmte Randgruppen"
20 C: "AIDS ist ein Problem, das wir gemeinsam lösen müssen, und das Opfer von uns allen fordert"

4. AIDS als Gefahr

7 F: "AIDS-Gefahren lauern überall"
7 D: "Wenn man es genau bedenkt, gibt es gar keinen wirksamen Schutz vor AIDS"
15 C: "Die AIDS-Bedrohung führt noch dazu, daß man sich außerhalb der eigenen vier Wände nirgends mehr sicher fühlen kann"
20 A: "Heute muß man eigentlich jedem mißtrauen, weil man ja nicht weiß, wer AIDS-infiziert ist"

5. AIDS als Risiko

7 C: "Weil die Ansteckungswege bekannt sind, kann man sich vor AIDS schützen"

7 G: "Wenn man vernünftig lebt, muß man vor AIDS keine Angst haben"

6. *Einstellung zu sexueller Treue*

Im Selbstausfüllbogen wurden in Frage 4 Sichtweisen von Sexualität und sexueller Treue erhoben. Diese hoch korrelierenden Variablen wurden ebenfalls durch ungewichtete Addition zu einer Skala zusammengefaßt.

Indexkonstruktionen

Aus den Antworten der in Frage 19 vorgestellten Alltagsroutinen wurde additiv ein Index gebildet (betitelt als "Zahl der als infektiös eingeschätzten Alltagssituationen"), der ausweist, wieviele dieser alltäglichen Situationen von den einzelnen Befragten als infektiös eingestuft werden.

Auch die Antworten auf Frage 25, die als Alternativfrage formuliert war, wurden zu einem Index zusammengefaßt ("Zahl akzeptierter Zwangsmaßnahmen"), der Auskunft darüber gibt, wieviele der angesprochenen administrativen Maßnahmen von den Befragten befürwortet werden.

4.2 Zentralität von AIDS

Die Bedeutung, die der AIDS-Problematik von den Befragten zugewiesen wurde, wird aus den Antworten auf Frage 5 und 6 deutlich, die auch zeigen, daß es insgesamt bei dieser Frage kaum Unterschiede zwischen Ost- und Westdeutschen gibt. Zwar glauben mehr Befragte aus den alten Bundesländern, daß AIDS schon gegenwärtig eine große Bedrohung für die Gesellschaft darstellt, im Osten ist dafür aber der Anteil derjenigen höher, die für die Zukunft fürchten, daß die Bedrohung durch diese Krankheit eher zunehmen wird.

Diese Diskrepanz in der Beurteilung der aktuellen und der künftigen Situation dürfte den Umstand spiegeln, daß die Prävalenz von HIV bis zum Fall der Mauer in den neuen Bundesländern vernachlässigbar gering war und die Inzidenz der Krankheit erst seit dem Herbst 1989 steigt. Die Unterschiede zwischen den alten und den neuen Ländern geben mithin die Realität des Jahres 1991/92 wieder und diese differentielle Wahrnehmung der Bedrohung ist ein Indikator dafür, daß die Validität der Übereinstimmungen und Unterschiede an anderen Stellen der Befragung als hoch angesehen werden kann.

Anzumerken bleibt hier noch, daß die Daten vor der öffentlichen Diskussion über Infektionsgefahren durch verseuchte Blutpräparate, die seit dem Herbst 1993 in Deutschland geführt wird,[1] erhoben wurden. Es ist zu vermuten, daß bei einer Replikationsstudie zum gegenwärtigen Zeitpunkt AIDS als sehr viel bedrohlicher eingeschätzt wird, als es in den hier referierten Zahlen zum Ausdruck kommt.

---

1 vgl. dazu exemplarisch die Beiträge in "Der Spiegel" Nr. 41, 1993, S. 24-37 und Nr. 45, 1993, S. 272-285.

In der Bundesrepublik gehen die Meinungen darüber auseinander, ob AIDS gegenwärtig für die Gesellschaft, ich meine für uns alle, eine Bedrohung darstellt. Welcher Meinung neigen Sie zu:

	Ost	West
AIDS ist gegenwärtig für unsere Gesellschaft eine große Bedrohung	**35,1%**	*49,5%*
AIDS ist gegenwärtig für unsere Gesellschaft insgesamt weniger bedrohlich	**51,9%**	*43,0%*
AIDS ist gegenwärtig für unsere Gesellschaft gar keine Bedrohung	**12,9%**	*7,5%*

NOst = 2112, NWest = 2107

Und wie sehen Sie die Entwicklung für die Zukunft? Glauben Sie, daß die allgemeine Bedrohung durch AIDS zukünftig eher zunehmen wird oder eher zurückgehen wird?

	Ost	West
Bedrohung durch AIDS wird zukünftig eher zunehmen	**69,6%**	*59,2%*
Bedrohung durch AIDS wird zukünftig eher zurückgehen	**20,9%**	*33,1%*
AIDS ist für die Zukunft keine Bedrohung	**9,5%**	*7,7%*

NOst = 2103, NWest = 2094

Wie schon bei der Befragung in den alten Bundesländern zeigt sich auch hier, daß Differenzierungen dieser Fragen zum allgemeinen Bedrohtheitsgefühl nach Alter, Bildungsgrad oder Wohnortgröße insgesamt eher gering sind: Befragte jeden Alters oder jeden Wohnumfeldes glauben zu einem hohen Prozentsatz, daß AIDS eine Bedrohung für unsere Gesellschaft ist und vermuten mehrheitlich, daß diese Bedrohung künftig noch zunehmen wird.

Während die Fragen 5 und 6 auf eine *allgemeine* Bedrohung für die Gesellschaft abzielten, wurden die Probanden mit der folgenden Frage danach gefragt, vor welchen Gesundheitsgefahren sie *persönlich* mehr Angst haben.

Dabei zeigt sich nun ein völlig anderes Bild: Eine individuelle Bedrohung durch AIDS wird im Vergleich zu anderen und gemessen an deren Einfluß auf Mortalitätsstatistiken auch faktisch bedeutsameren Gesundheitsgefahren als sehr viel geringer und damit durchaus realistisch eingeschätzt. Die überwiegende Mehrheit hat wesentlich größere Angst vor den in unserer Gesellschaft zentralen

Gesundheitsbedrohungen mit Todesfolge, wobei die entsprechenden Verteilungen sich kaum von denen in der alten Bundesrepublik unterscheiden. Hier läßt sich allerdings ebenfalls vermuten, daß - vor dem Hintergrund der Diskussion um die mit HIV verseuchten Blutpräparate - auch die für die eigene Person perzipierte Bedrohlichkeit von AIDS heute deutlich größer ist als zum Erhebungszeitpunkt.

Immer wieder wird AIDS mit anderen Gesundheitsgefahren wie Krebs, Herz- und Kreislaufkrankheiten oder Unfallrisiken verglichen. Wovor haben Sie persönlich mehr Angst:

	Ost	*West*
Krebs oder	*85,3%*	*88,0%*
AIDS?	*14,7%*	*12,0%*
Herz- und Kreislaufkrankheiten oder	*80,3%*	*80,3%*
AIDS?	*19,7%*	*19,7%*
Unfallrisiken oder	*84,0%*	*83,9%*
AIDS?	*16,0%*	*16,1%*

N1 = 2101, 2046, N2 = 2099, 2002, N3 = 2093, 2003

Auch für die Befragten in den neuen Bundesländern läßt sich hier eine deutliche altersbedingte Differenzierung feststellen. Durchgängig fällt der Anteil derjenigen, die AIDS für gesundheitsbedrohlicher halten, mit steigendem Alter (vgl. Tabelle 4.2.1).

Tab. 4.2.1: *"AIDS bedrohlicher als Volkskrankheiten oder Unfälle" nach Altersklassen (Angaben in Prozent)*

1. Zeile: Ost 2. Zeile: West	Altersklassen					
AIDS bedrohlicher als:	18 b.u.30	30 b.u.40	40 b.u.50	50 b.u.60	ü. 60	Sig. O/W Cram. V N
Krebs	23,2 19.6	17,5 14,3	12,1 9,0	10,6 8,0	7,6 6,5	.000/.000 .162/.158 2101/2035
Herz-Kreislauf- Krankheiten	32,8 36,0	22,6 34,4	17,2 12,5	15,6 13,4	8,1 6,9	.000/.000 .217/.278 2099/1989
Unfälle	24,2 20,4	15,7 19,4	14,5 14,6	17,5 14,0	7,9 10,7	.000/.000 .151/.103 2093/1990

Die Gründe für diese unterschiedliche Gefährdungseinschätzung dürften die gleichen sein, die auch in den alten Bundesländern entscheidend waren. Auch für die Befragten in der ehemaligen DDR gilt, daß das objektive Ansteckungsrisiko verhaltensbedingt mit steigendem Alter sinkt.[2] Krebs und erst recht Herz-Kreislauf-Erkrankungen scheinen von vielen und insbesondere von Jüngeren zudem als altersspezifische Leiden angesehen zu werden, mit denen man frühestens jenseits der 40 zu rechnen braucht, während AIDS die meisten Opfer in den Altersklassen darunter gefordert hat[3] und dies offenbar auch bekannt ist.

Allerdings sind die AIDS-bedingten Todesfälle in diesen Kategorien bislang bei weitem nicht so hoch wie die von Unfällen, der Todesursache Nr. 1 in den niedrigeren Altersklassen. Daß AIDS im Vergleich dazu bei Jüngeren einen relativ hohen Stellenwert hat, deutet darauf hin, daß objektiv hohe Unfallrisiken subjektiv systematisch unterschätzt werden. Dies verweist auf eine Unterscheidung von Risiko und Gefahr. Unfälle scheinen häufig eher als verhaltensabhängige und individuell steuerbare Risiken eingeschätzt zu werden, mit denen man zu leben gelernt hat, während die vergleichsweise neue und stets tödlich verlaufende Infektionskrankheit AIDS demgegenüber eher als diffuse Gefahr erlebt wird.

Zusammenfassend läßt sich feststellen, daß Unterschiede in der Einschätzung der Bedrohlichkeit von AIDS zwischen den alten und den neuen Ländern eher gering sind und primär eine differentielle Prävalenz von HIV und die lange Jahre unterschiedliche öffentliche Behandlung des Themas spiegeln. In beiden Landesteilen zeigen sich zudem deutliche Unterschiede zwischen der Beurteilung der allgemeinen Bedrohung durch AIDS und der für die eigene Person. Während AIDS generell als schwere Krankheit und Bedrohung für die Gesellschaft angesehen wird, ist die subjektive Bedeutung der Krankheit auch für die eigene Person eher marginal.

---

2 vgl. dazu auch Kap. "Reale Gefährdung".

3 vgl. dazu den Beitrag von Heilig zu den demographischen Auswirkungen von AIDS in der Bundesrepublik. Der Autor kommt darin zu dem Ergebnis, daß AIDS bereits heute die Muster vorzeitiger Sterblichkeit hierzulande verändert hat und zu den wichtigen Todesursachen bei jungen Erwachsenen zu zählen ist, Heilig 1989, S. 247.

4.3 Wahrnehmung und Interpretation von AIDS

4.3.1 Kenntnisstand

Trotz intensiver Bemühungen der Medizin existiert nach wie vor weder ein Impfstoff gegen HIV noch eine wirksame Therapie. Insofern ist die Aufklärung der Bevölkerung die einzige Möglichkeit, die Verbreitung von HIV zu stoppen. Zu diesem Zweck sind Kenntnisse darüber von besonderer Bedeutung, welche Vorstellungen in der Bevölkerung hinsichtlich der Infektionsmöglichkeiten und der Übertragungswege zu beobachten sind.

Sieht man sich dazu die Antworten auf folgende Frage an (Frage 16), so zeigt sich, daß über 40% der Befragten in den neuen Ländern über Anstekkungsrisiken in der Latenzzeit nicht informiert sind oder sogar von falschen Vorstellungen ausgehen.

Was glauben Sie: Kann jemand, der mit AIDS infiziert ist, bei dem die Krankheit aber noch nicht ausgebrochen ist, andere Personen anstecken?

	Ost	*West*
ja	*57,4%*	*68,6%*
nein	*9,1%*	*13,0%*
weiß nicht	*33,5%*	*18,4%*

NOst = 2121, NWest = 2113

Im Unterschied zu der Situation in Westdeutschland fällt für die neuen Länder allerdings auf, daß der Anteil derjenigen, die von subjektiv sicherem, objektiv aber falschem Wissen hinsichtlich der Infektiosität in der Latenzzeit ausgehen, mit 9,1% deutlich niedriger ist. Demgegenüber ist die Gruppe der Personen, die sich in dieser Frage unsicher sind, annähernd doppelt so hoch wie im Westen. Ergänzt wird dieses Bild durch den höheren Anteil der Personen, die (in Frage 18) angegeben haben, über keine Informationen zum Thema "AIDS" zu verfügen.

*Haben Sie sich aktiv um Informationen über AIDS bemüht, oder sind diese eher
an Sie herangetragen worden?*

	Ost	*West*
habe mich aktiv bemüht	*10,8%*	*15,3%*
sind eher an mich herangetragen worden	*61,4%*	*64,0%*
habe keine Informationen über AIDS	*27,8%*	*20,7%*

NOst = 2115, NWest = 2093

Diese Unterschiede in Ost- und Westdeutschland dürften damit zusammenhängen, daß die Immunschwächekrankheit AIDS in der ehemaligen DDR in der
öffentlichen Diskussion keine Rolle spielte bzw. als Krankheit des "dekadenten
Westens" galt und die Prävalenz von HIV tatsächlich auch sehr viel niedriger
war (und nach wie vor ist) als in Westdeutschland.

Für die Aufklärung über tatsächliche Infektionsrisiken ist die Ausgangslage in
den neuen Bundesländern als deutlich günstiger zu bewerten, da Wissensunsicherheiten leichter beseitigt werden können, als daß bereits verfestigte, aber
falsche Vorstellungen sich korrigieren lassen.

Bei einer Differenzierung der Frage nach der perzipierten Infektiosität von
symptomfreien HIV-infizierten Personen fällt auf, daß subjektive Wissensunsicherheiten mit dem Alter zunehmen, so daß sich hier die gleiche Struktur wie in
den alten Bundesländern zeigt, wenn auch die jeweiligen Verteilungen deutlich
divergieren (vgl. Tabelle 4.3.1.1).

1. Zeile: Ost 2. Zeile: West	Altersklassen				
"Ansteck. durch Infiz. möglich"	18 b.u.30	30 b.u. 40	40 b.u.50	50 b.u.60	ü. 60
ja	**64,9** 75,9	**62,4** 73,1	**57,1** 72,0	**61,1** 63,8	**42,3** 57,5
nein	**9,2** 13,1	**10,7** 13,8	**10,9** 12,2	**7,5** 13,0	**7,3** 12,9
weiß nicht	**25,9** 11,0	**26,9** 13,1	**32,1** 15,2	**31,5** 23,2	**50,3** 29,6
total	100,0	100,0	100,0	100,0	100,0
Ost: West:	**Sig.** = **.000, Cramer's V** = **.143, N** = **2121** Sig. = .000, Cramer's V = .135, N = 2099				

Für die neuen Bundesländer läßt sich ebenfalls beobachten, daß ein - wie auch immer verursachtes - stärkeres Interesse an der Thematik nicht zwingend zu einem nach wissenschaftlichen Kriterien richtigen Kenntnisstand führt, sondern daß der primäre Effekt aktiver Informationsbeschaffung die Reduktion von Wissensunsicherheiten ist. So ist der Anteil der Personen, die glauben, daß HIV im Latenzstadium nicht übertragen wird, am höchsten in der Kategorie derjenigen, die sich aktiv um Informationen über AIDS bemüht haben (vgl. Tabelle 4.3.1.2). Dies ist ein für die weitere Prävention überaus bedeutsames Ergebnis, weil es einerseits zwar zu der Hoffnung Anlaß gibt, die Uninformierten adäquat informieren zu können. Andererseits dokumentiert sich hier aber auch die Persistenz falscher Vorstellungen, die durch Aufklärungskampagnen wohl nur noch schwerlich modifiziert werden können.

Tab. 4.3.1.2: *"Ansteckungsgefahr durch AIDS-Infizierte" nach Modus der Informationsgewinnung (Angaben in Prozent)*

1. Zeile: Ost 2. Zeile: West	Informationsgewinnung		
"Ansteckung durch Infizierte möglich"	aktiv	passiv	keine Information
ja	**76,8** 80,0	**68,1** 71,1	**26,2** 50,9
nein	**14,9** 13,1	**9,5** 12,4	**6,1** 15,2
weiß nicht	**8,3** 6,9	**22,3** 15,5	**67,6** 33,9
total	100,0	100,0	100,0
Ost: West:	**Sig. = .000, Cramer's V = .326, N = 2114** Sig. = .000, Cramer's V = .165, N = 2089		

Auch eine formal höhere Bildung führt nicht zu einer Reduktion der Quote von Personen mit falschen Vorstellungen über Infektionsrisiken bei HIV-Infizierten, sondern zum Abbau von subjektiven Wissensunsicherheiten (vgl. Tabellen 4.3.1.3 und 4.3.1.4).

Tab. 4.3.1.3: *"Ansteckungsgefahr durch AIDS-Infizierte" nach Bildungsgrad Ost (Angaben in Prozent)*

"Ansteck. durch Infiz. möglich"	Bildungsgrad				
	Kein Anschl.	Volks- schule	Polytech. Obers.	EOS ohne Abitur	Abitur
ja	**52,3**	**49,3**	**56,5**	**41,5**	**76,7**
nein	**9,3**	**8,0**	**9,4**	**14,6**	**9,8**
weiß nicht	**38,4**	**42,7**	**34,1**	**43,9**	**13,6**
total	100,0	100,0	100,0	100,0	100,0
Sig. = .000, Cramers's V = .148, N = 2113					

Tab. 4.3.1.4: "Ansteckungsgefahr durch AIDS-Infizierte" nach Bildungsgrad West (Angaben in Prozent)

	Bildungsgrad			
"Ansteck. durch Infiz. möglich"	Kein Abschluß	Haupt- schule	Mitt. Reife	FHR/ Abitur
ja	52,5	63,0	73,6	80,6
nein	12,5	12,8	13,1	13,3
weiß nicht	35,0	24,2	13,3	6,1
total	100,0	100,0	100,0	100,0
Sig. = .000, Cramer's V = .145, N = 2059				

Während Frage 16 ein reales Ansteckungsrisiko thematisierte, wurde in Frage 19 mittels Schaubildern danach gefragt, ob Alltagssituationen als ansteckungsrelevant angesehen werden, die nach allen bisherigen medizinischen Erkenntnissen kein Infektionsrisiko beinhalten. Auch diese Ergebnisse zeigen, daß es ein hohes Maß an Falschwissen gibt: Bis zu 37% im Westen und bis zu 43% im Osten sehen solche Situationen des Alltags als infektiös an (vgl. Abbildungen 4.3.1.1 und 4.3.1.2).

Abb. 4.3.1.1 "Alltagssituationen: Gefährlich oder Ungefährlich?" (Ost, Angaben in Prozent)

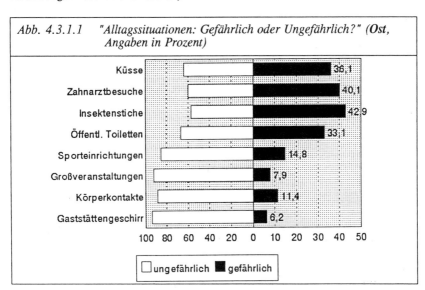

- 41 -

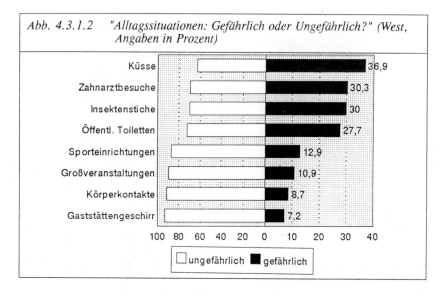

Abb. 4.3.1.2   "Alltagssituationen: Gefährlich oder Ungefährlich?" (West, Angaben in Prozent)

Die Interpretation solcher Situationen als ansteckungsrelevant dürfte von spezifischen alltagstheoretischen Krankheitsvorstellungen und daraus resultierenden Ansteckungsvorstellungen stark beeinflußt sein. In den alten wie auch in den neuen Bundesländern werden offenkundig von den Betreffenden Bezüge hergestellt zu bekannten und vertrauten Infektionskrankheiten, die durch Berührungen oder Tröpfcheninfektion übertragen werden. Anders lassen sich die Anteile derjenigen, die selbst flüchtige Körperkontakte oder den Besuch von Großveranstaltungen für gefährlich halten, kaum erklären.

Daß AIDS an solche Krankheiten angeschlossen wird, hängt primär mit dem großen Unsicherheitspotential zusammen, welches mit der Krankheit verbunden ist. AIDS ist eine schwere Krankheit, wo dem nahezu sicheren Tod ein qualvolles Sterben vorausgeht, ohne daß die Medizin eine Heilung anbieten könnte. Die Krankheit ist ansteckend - wenn auch nach bisherigem medizinischem Wissen nur schwach infektiös und an spezifische Übertragungswege gebunden. Allerdings tritt AIDS in einer Zeit auf, wo man zumindest in den westlichen Industriegesellschaften schwere Infektionskrankheiten als überwunden ansah. Dieses "Versagen" der Medizin auf ihrem ureigenen Gebiet und die vor allem Anfang bis Mitte der 80er Jahre veröffentlichten und teilweise sehr widersprüchlichen Thesen über Ätiologie, Infektiosität und Übertragungswege führten vielfach zu großen Unsicherheiten in der Bevölkerung.

Zur Beseitigung oder zumindest der subjektiv erträglichen Bewältigung solcher Unsicherheiten wird vielfach auf tradiertes Wissen und vertraute Deutungsmuster aus den Zeiten der alten Seuchen und auf individuelle Erfahrungen mit heute noch allgegenwärtigen, aber vergleichsweise harmlosen Infektionskrankheiten zurückgegriffen. Ein wichtiger Grund dafür dürfte auch in der öffentlichen Behandlung des Themas zu sehen sein, da in den Medien im Zusammenhang mit AIDS immer wieder die Seuchenmetapher bemüht wurde und über die prinzipielle Infektiosität von AIDS von Anfang an kaum ein Zweifel bestand - sieht man einmal von den Thesen von Duesberg ab.[1] Daß diese aber nur sehr gering ist und die Übertragung von HIV zudem an sehr spezifische Infektionswege gebunden ist, wird dann umso weniger geglaubt, wenn diese Information im Widerspruch steht zu vorgängigen handlungsrelevanten Deutungsmustern. Dabei sind solche Deutungsmuster von entscheidendem Einfluß, die AIDS auf der Basis kollektiver und individueller Krankheitserfahrungen mit Krebs oder TBC, aber auch mit Grippe oder den sog. Kinderkrankheiten als tödliche, unheilbare und zudem leicht übertragbare Krankheit einschätzen.[2] Expertenwissen wird dann, wie wir an anderer Stelle ausführlich diskutiert haben, nur noch sehr selektiv aufgenommen: Nur das kann ohne weiteres zum Moment medizinischen Alltagswissens werden, was in dessen Struktur paßt, was sich analogisieren läßt.[3] AIDS als eine ansteckende Krankheit einzuschätzen, bedeutet dann, daß man sich mit HIV auch nahezu überall anstecken kann.

Hinweise auf die Verbreitung dieser Sichtweise der Krankheit als (nahezu) allgegenwärtiger Gefahr liefert die Summe der als ansteckungsrelevant angesehenen Alltagsroutinen. Abbildung 4.3.1.3 zeigt, daß in beiden Landesteilen nur Minderheiten die vorgestellten Alltagssituationen sämtlich als ungefährlich einschätzen. Insbesondere in den neuen Bundesländern sind dagegen, betrachtet man das andere Ende der Verteilung, ausgeprägte Kontaminationsvorstellungen zu beobachten, wobei man hier vermuten kann, daß sich in solchen Werten neben den schon erwähnten konkreten Ansteckungsvorstellungen auch die generell stärkere Verunsicherung der ostdeutschen Bevölkerung im Zuge des Einigungsprozesses spiegelt.

---

1 Insbesondere von dem amerikanischen Molekularbiologen Duesberg wird die These vertreten, daß HIV nicht als Ursache oder Auslöser für AIDS angesehen werden kann; vgl. dazu AIDS-Zentrum des Bundesgesundheitsamtes (Hrsg.) 1992, S. 7.
2 Zu den Verweisungen von AIDS auf andere Krankheiten wie Krebs, TBC oder Syphilis siehe auch Dornheim 1990, S. 200.
3 vgl. dazu Eirmbter, Hahn und Jacob 1993, S. 17-42; siehe auch Jacob 1995, S. 59-91.

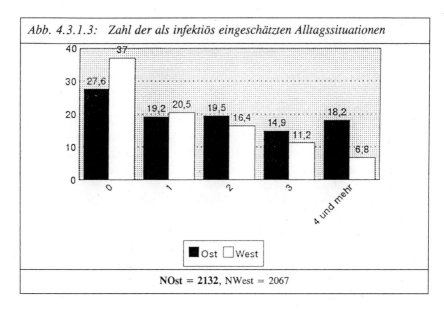

Abb. 4.3.1.3: *Zahl der als infektiös eingeschätzten Alltagssituationen*

NOst = 2132, NWest = 2067

Dabei ist die Einschätzung von unbedenklichen Alltagssituationen als infektiös eine Funktion von Alter und Bildungsstand. In Ost- wie in Westdeutschland werden mit steigendem Alter und sinkendem Bildungsgrad diese Routinen des täglichen Lebens zunehmend als infektiös beurteilt. Bei einer Differenzierung nach dem Alter zeigt sich zudem, daß selbst in den niedrigsten Altersgruppen nur Minderheiten davon überzeugt sind, daß *keine* der angesprochenen Alltagssituationen ein Infektionsrisiko birgt (vgl. Tabelle 4.3.1.5).

Tab. 4.3.1.5:   *"Zahl der als infektiös eingeschätzten Alltagssituationen" nach Altersklassen (Angaben in Prozent)*

1. Zeile: Ost 2. Zeile: West	Altersklassen				
"Zahl der als infek- tiös eingeschätzten Alltagssituat."	18 b.u. 30	30 b.u. 40	40 b.u. 50	50 b.u. 60	ü. 60
0	38,3 46,5	29,6 41,6	24,9 40,4	16,0 27,5	24,3 25,9
1	18,2 24,9	21,6 23,6	16,3 18,9	23,9 17,6	16,6 15,7
2	16,3 14,0	20,8 18,5	20,8 15,6	23,3 21,4	17,9 14,4
3	12,7 6,0	14,0 7,7	17,5 12,1	15,1 13,4	17,2 17,8
4 und mehr	14,4 8,6	14,0 8,7	20,5 13,0	21,7 20,1	24,0 26,1
total	100,0	100,0	100,0	100,0	100,0
Ost: West:	Sig. = .000, Gamma = .153, N = 2097 Sig. = .000, Gamma = .258, N = 2053				

Hinsichtlich des Einflusses formaler Bildungsabschlüsse lassen sich allerdings auch Unterschiede zwischen den Befragten in den alten und den neuen Bundesländern feststellen (vgl. Tabellen 4.3.1.6 und 4.3.1.7). Während im Westen Personen mit höherer Formalbildung mehrheitlich Ansteckungsgefahren in den genannten Situationen verneinen und der Anteil der Personen, die im Gegensatz dazu eine Vielzahl von Ansteckungsmöglichkeiten im Alltag vermuten, in der Kategorie FHR/Abitur am niedrigsten ist, ist die Situation in den neuen Ländern heterogener. Die Unterschiede zwischen den verschiedenen Bildungsgruppen sind hier weniger ausgeprägt. Dies könnte darauf zurückzuführen sein, daß von offizieller Seite über AIDS in der ehemaligen DDR erst seit kürzerer Zeit informiert wird und mithin Wissensunsicherheiten über die Infektiosität von HIV im Ostteil Deutschlands zum Zeitpunkt der Befragung insgesamt, also auch bei Personen mit höherer Formalbildung, deutlich ausgeprägter waren. Für diese Interpretation sprechen auch die Antwortverteilungen bei den zuvor schon vorgestellten Fragen zum Kenntnisstand über die Krankheit.

Tab. 4.3.1.6: *"Zahl der als infektiös eingeschätzten Alltagssituationen" nach Bildungsgrad **Ost** (Angaben in Prozent)*

	Bildungsgrad				
"Zahl der als infek eing. Alltagssit."	Kein Abschl.	Volks-schule	Polytech. Obers.	EOS ohne Abitur	Abitur
0	24,7	21,2	28,4	51,2	30,3
1	18,8	18,2	18,6	7,3	25,2
2	10,6	22,0	18,6	24,4	21,0
3	2,4	16,0	16,3	2,4	10,2
4 und mehr	23,5	22,6	18,0	14,6	13,4
total	100,0	100,0	100,0	100,0	100,0
Sig. = .000, Gamma = -.138, N = 2083					

Tab. 4.3.1.7: *"Zahl der als infektiös eingeschätzten Alltagssituationen" nach Bildungsgrad **West** (Angaben in Prozent)*

	Bildungsgrad			
"Zahl der als infektiös eing. Alltagssituationen"	Kein Abschluß	Haupt-schule	Mitt. Reife	FHR/ Abitur
0	21,5	31,4	39,2	51,3
1	10,1	18,9	22,6	23,6
2	11,4	17,4	18,8	10,5
3	16,5	14,1	8,7	6,3
4 und mehr	40,5	18,2	10,7	8,3
total	100,0	100,0	100,0	100,0
Sig. = .000, Gamma = -.272, N = 2013				

Unterschiede lassen sich bei der Beurteilung von Routinen des täglichen Lebens im Osten wie im Westen auch zwischen den Einwohnern kleiner Gemeinden einerseits und denjenigen aus Großstädten andererseits beobachten. In kleineren Gemeinden werden von den Befragten häufiger als in Großstädten Ansteckungsgefahren in den Alltagsroutinen gesehen. Allerdings gehen selbst in den Metropolen nur Minderheiten davon aus, daß die genannten Alltagssituationen sämtlich ungefährlich sind (vgl. Tabelle 4.3.1.8). Diese Unterschiede fallen in den neuen Ländern aber sehr viel deutlicher aus als in den alten.

Tab. 4.3.1.8:   *"Zahl der als infektiös eingeschätzten Alltagssituationen" nach Wohnortgrößenklassen (Angaben in Prozent)*

1. Zeile: Ost 2. Zeile: West	Wohnortgrößenklassen (in Tausend)			
Zahl	u. 5	5 b.u.50	50 b.u.100	ü. 100
0	**26,6** 30,0	**25,5** 36,3	**16,4** 44,7	**33,3** 38,1
1	**16,1** 21,8	**17,7** 19,9	**19,4** 18,0	**24,2** 21,3
2	**17,8** 16,1	**18,7** 17,9	**27,6** 12,1	**20,5** 16,0
3	**16,2** 15,0	**17,3** 10,9	**11,9** 13,6	**12,4** 9,5
4 und mehr	**23,3** 17,1	**20,8** 15,1	**24,6** 11,7	**9,5** 15,1
total	100,0	100,0	100,0	100,0
Ost: West:	Sig. = .000, Gamma = -.141, N = 2097 Sig. = .047, Gamma = -.061, N = 2067			

Festhalten läßt sich:

Im Osten wie im Westen gehen starke Minderheiten der Bevölkerung von falschen Vorstellungen bei der Beurteilung von Ansteckungsgefahren aus, die unterschiedliche negative Folgen für Leben und Gesundheit der Betreffenden selbst sowie für das gesellschaftliche und politische Klima haben können. Während die Unkenntnis faktischer Infektionsrisiken primär für die eigene Person schlimmstenfalls zu einem lebensbedrohenden Problem werden kann, betrifft die fälschliche Einschätzung von bislang weitgehend unproblematischen Situationen der Alltagsroutine als infektiös in hohem Maß auch vermeintlich oder tatsächlich HIV-Infizierte oder AIDS-Kranke, die als potentielle Ansteckungsquellen Stigmatisierungs- und Ausgrenzungsprozessen ausgesetzt sind.[4]

---

4 vgl. dazu die folgenden Kapitel.

Sowohl formal höhere Bildungsabschlüsse als auch aktives Bemühen um Informationen über AIDS führen nicht ohne weiteres zur Verminderung von objektivem Falschwissen, sondern zum Abbau von subjektiv wahrgenommenen Wissenslücken, wobei diese aber nicht zwangsläufig mit nach wissenschaftlichen Standards richtigem Wissen gefüllt werden. Dies ist in diesem Zusammenhang deshalb höchst problematisch, weil die objektiv falschen Vorstellungen von Personen, die sich subjektiv aber als gut und richtig informiert einschätzen, mittels der gängigen, breit streuenden Informationskampagnen nur schwer korrigiert werden können. Hier ist zu vermuten, daß Personen, die glauben, ausreichend informiert zu sein, weitere Informationen über AIDS nur sehr selektiv oder gar nicht mehr aufnehmen, zumal das Thema - wie andere unangenehme Themen auch - durchaus zur Verdrängung einlädt. Analog zu dem HIV-Test, der - einmal durchgeführt - leicht in die Gefahr gerät, als unbegrenzt geltendes Unbedenklichkeitszertifikat mißinterpretiert zu werden, können auch einmal gewonnene Ansichten als nicht mehr änderungsbedürftige gespeichert werden, und zwar gerade dann, wenn sie Produkt einer aktiven und (mehr oder weniger) kognitiv gesteuerten Auseinandersetzung mit dem Thema sind. Es ist daher im Hinblick auf eine Verbesserung des Informationsstandes durch Aufklärungskampagnen darüber nachzudenken, wie die Gefährlichkeit bestimmter Verhaltensweisen und die Ungefährlichkeit von Alltagssituationen vermittelt werden können, ohne die gerade bei den Uninformierten gehäuft anzutreffenden Ansteckungsängste und Ausgrenzungsbereitschaften noch zu verstärken. Um es auf eine verkürzte Formel zu bringen: Die durch Aufklärungen intendierten Verhaltensänderungen im Sexualverhalten sollen gerade nicht auch zu Veränderungen im Sozialverhalten in der Weise führen, daß in unserer Gesellschaft Mißtrauen gegenüber Fremden und Desolidarisierung von Infizierten und mit AIDS assoziierten Minderheiten um sich greifen.

Die teilweise sehr hohen Anteile von Befragten, die bestimmte Situationen der Alltagsroutine für ansteckungsrelevant halten, weisen auf die Bedeutung eines Zusammenhangs zwischen sozialem Kontext und spezifischen alltagstheoretischen Krankheitsvorstellungen und deren Priorität vor abstrakten, lebensweltfremden wissenschaftlichen Erkenntnissen hin. Diese Befunde sprechen für spezifisch zugeschnittene Interventionskampagnen, die ein breiteres Spektrum lebensweltlich relevanter Faktoren der entsprechenden Zielgruppen berücksichtigen.

4.3.2 Laienätiologische Krankheitsvorstellungen und Schuldzuschreibungen

Während in dem vorangegangenen Kapitel gezeigt wurde, welche Ansteckungsvorstellungen in der Bevölkerung zu beobachten sind, soll nun der Frage nachgegangen werden, welche allgemeineren Ursachenvorstellungen und spezifischen Schuldattributionen mit AIDS verbunden werden.[1] Schuldattributionen sind kaum von Ansteckungsannahmen zu trennen; sie sind umso virulenter, je weniger subjektiv sicheres Wissen man über die Krankheit hat und je mehr Opfer sie fordert. "Sobald die Ursache für eine Krankheit beziehungsweise Seuche wissenschaftlich erklärt werden kann, gehen Schuldzuweisungen an faktisch unbeteiligte Blitzableiter schlagartig zurück. Aber erst nach der Entdeckung von einigermaßen zuverlässigen Heilmitteln hört man auf, die tatsächlichen oder nur gemutmaßten Verbreiter der Krankheit mit Schuld zu belasten. Angst führt zu Aktionismus; je stärker die Angst, desto heftiger das Verlangen, irgendwen auszumachen, der zwar nicht an dem ganzen Elend selbst, aber immerhin daran schuld ist, daß es nicht aufhört."[2] Anmerken läßt sich hier noch, daß die bloße Tatsache der Existenz von wissenschaftlichen Erklärungen oder sogar von Heilmitteln solange nicht ausreicht, um Stigmatisierungen und Schuldzuweisungen zu verhindern, solange solches Wissen nicht zu individuellem Handlungswissen wird.

Schuldunterstellungen beinhalten, wie schon einleitend angemerkt, immer Kausalitätsannahmen über die Ätiologie einer Krankheit und erleichtern mit Hilfe dieses Erklärungsmusters deren sinnhafte Bewältigung. Krankheit wird als Folge von und Strafe für Verfehlungen sinnvoll und verstehbar, sie verliert so zumindest zum Teil ihren unheimlichen und sinnlosen Charakter. Außerdem bietet die Etikettierung bestimmter Gruppen als den eigentlich Verantwortlichen für die Entstehung und Ausbreitung der Seuche Anschlußmöglichkeiten für volkstherapeutische "Ventilsitten" (Vierkandt), weil sich durch die Ausgrenzung, Separierung oder gar physische Vernichtung der als schuldig stigmatisierten Gruppen vermeintlich eine Chance des Sieges über die Krankheit eröffnet.[3]

Im Fall von Krankheit lassen sich durch Umdefinitionen der Kranken in "Andere", in "Fremde", "Schuldige" oder "Sünder" zudem Normkonflikte vermeiden. Denn ein Topos der sich sozusagen als moralischer Imperativ in nahezu allen christlichen und humanistischen Diskursen finden läßt, besagt, daß der

---

1 vgl. dazu ausführlich Eirmbter, Hahn und Jacob 1993, S. 17-55; Jacob 1995, S. 113-141.
2 Bleibtreu-Ehrenberg 1989, S. 68.
3 vgl. zu Sündenbockfunktionen bestimmter Gruppen Girard 1992.

Kranke und Hilflose Mitleid, Nächstenliebe, Hilfe verdient. Eben dies ist aber mit Kontaminationsängsten schlecht kompatibel und kann leicht kognitive Dissonanzen erzeugen. Der Fremde hingegen, der Sünder, der Schuldige, der Täter und Normbrecher verdient Strafe - zumindest aber keine Achtung, sondern Ächtung. Rückzug und Meidung scheinen in diesem Fall genauso legitim wie alle Formen aktiver Diskriminierung.[4]

Wie die historische Seuchenforschung vielfach und eindrucksvoll herausgearbeitet hat, lassen sich eben diese alltagstheoretischen, kulturell geprägten Erklärungsmuster, Schuldzuweisungen, Schutzreaktionen und Ansteckungsvermeidungsstrategien immer wieder beobachten in Zeiten epidemisch grassierender Seuchen wie Pest, Cholera oder Syphilis.[5] Zeitgenössische Studien zum Laienbild von Krebs in der modernen Gesellschaft unterstreichen diese Bedeutung laienätiologischer Krankheitstheorien und deren Persistenz über alle wissenschaftlich fundierte Erfahrung hinweg für die heutige Zeit.[6] Dornheim und Verres belegen in ihren Untersuchungen exemplarisch, daß der Glaube, Krebs sei ansteckend und könne vor allem durch sexuelle Kontakte und sogar durch einfache Berührungen übertragen werden, insbesondere auf dem Land anzutreffen ist[7] und daraus Ausgrenzungsbereitschaften resultieren. Krebs wird häufig in Beziehung gesetzt mit Tuberkulose, Cholera, Pocken oder Pest.[8] Diese historisch neue (im Sinn massenhafter Verbreitung) und unheimliche Krankheit wird somit an ein tradiertes Krankheitswissen angeschlossen. Bemerkenswert ist hier außerdem, daß Krebs assoziiert wird mit "unsolidem Lebenswandel" und sexuellen Ausschweifungen. Dieses Deutungsmuster hat bestimmte Schuldzuweisungen zur Konsequenz.[9] Dornheim zeigt außerdem, daß diffuse Übertragungs- und Auslösungsängste auch dafür verantwortlich sind, daß Früherkennungsuntersuchungen kaum nachgefragt werden. Dabei unterscheidet sie die "Rührlöffel-Theorie" und die "Verschleppungs-Theorie". Die "Rührlöffel-Theorie" stellt Krebs als "wildes Tier" vor, das durch die Untersuchung gewisserma-

---

4 vgl. allgemein zu einer Soziologie des Fremden Hahn 1992; zur Anwendung solcher Überlegungen auf Krankheit siehe Eirmbter, Hahn und Jacob 1993, S. 30-38; Jacob 1995, S. 138-141.

5 vgl. dazu Gouldsblom 1979; Schimitschek und Werner 1985; Ruffié und Sournia 1987; Göckenjan 1988; Knop 1988; Evans 1990; Vasold 1991; Herzlich und Pierret 1991. Exemplarisch dazu Irsigler 1991, S. 43: "Ein entscheidendes Element der Bewältigung von Pestangst ist die Personifizierung der Gefahr ..., indem man Sündenböcke unter den Mitmenschen sucht, die man verantwortlich machen kann, als Brunnenvergifter, als Träger des bösen Blicks, als Verkörperung von Dämonen, als Inkorporationen des Teufels selbst."

6 vgl. Dornheim 1983; Verres 1986. Siehe zum Laienbild von Krebs außerdem Hasenbring 1989; Hornung 1986.

7 vgl. Dornheim 1983, S 18 ff; Verres 1986, S. 214 f.

8 vgl. Dornheim 1983, S. 18.

9 vgl. Dornheim 1983, S. 188 f. Siehe außerdem Eirmbter, Hahn und Jacob 1993, S. 29.

**Gleichzeitig bestelle ich zur Lieferung
über meine Buchhandlung:**

Expl.	Autor und Titel	Preis

Weitere Informationen finden Sie im Internet:
**http://www.fachinformation.bertelsmann.de/verlag/bfw/
homepage.htm**

Der **Westdeutsche Verlag**
publiziert für Sie
Fachbücher und Zeitschriften aus

- Soziologie
- Politikwissenschaft
- Kommunikationswissenschaft
- Psychologie/Psychoanalyse
- Linguistik
- Literaturwissenschaft

Antwort

Westdeutscher Verlag
Buchleser-Service/Ho
Abraham-Lincoln-Str. 46

65189 Wiesbaden

ßen aufgeweckt oder "wild gemacht wird". Anhänger der "Verschleppungstheorie" vermuten, daß "kranke Zellen" bei der Untersuchung über die Instrumente verschleppt werden können, vor allem, wenn der Arzt "nicht sorgfältig arbeitet".[10]

Im Fall der Immunschwächekrankheit AIDS ist diese Inbeziehung-Setzung von Krankheit, bestimmten Krankheitsvorstellungen, Moral und Schuld von noch wesentlich größerer Bedeutung als bei Krebs: AIDS ist im Gegensatz zu Krebs tatsächlich ansteckend und wird primär durch sexuelle Kontakte übertragen. Die Hervorhebung sogenannter "Risikogruppen" verweist auf gesellschaftliche Zwänge im Sexualbereich und tabuisierte Daseinsbereiche und damit auf ohnehin schon stigmatisierte Gruppen.[11] Die Ergebnisse unserer Befragungen zeigen, daß sich für einen großen Teil der Bevölkerung die Krankheit - wie aus den folgenden sechs Statements der Frage 10 ersichtlich - mit deutlichen Schuldzuweisungen an bestimmte Gruppen und mit spezifischen Vorstellungen über die Krankheitsursachen verbindet. Stets sind es in beiden Landesteilen nur Minderheiten, die entsprechende Sichtweisen dezidiert ablehnen. Allerdings läßt sich für die Befragten der neuen Länder durchgängig die vergleichsweise ausgeprägtere Tendenz der Meidung von Extremkategorien ("stimme sehr zu", "lehne sehr ab") und die Wahl der Mittelkategorie beobachten.

Statement (NOst, NWest) *1. Zeile: Ost* *2. Zeile: West*	*stimme sehr zu*	*stimme eher zu*	*teils-teils*	*lehne eher ab*	*lehne sehr ab*
AIDS ist die Geißel der Menschheit und die Strafe für ein unmoralisches, zügelloses Leben (2119, 2113)	*8,6%* *10,6%*	*20,6%* *18,0%*	*31,0%* *22,6%*	*24,8%* *21,9%*	*15,0%* *26,9%*
AIDS-Infizierte haben meist einen fragwürdigen Lebenswandel (2118, 2109)	*9,7%* *25,5%*	*23,3%* *27,5%*	*39,8%* *27,1%*	*19,2%* *13,1%*	*8,0%* *6,9%*

10 vgl. Dornheim 1983, S. 214-217.
11 Zu der auf christlichen Traditionen basierenden tiefsitzenden Bereitschaft, menschliche Sexualität mit Pathologie in Verbindung zu setzen; vgl. Gilman 1992, S. 17. ff. Zu Aspekten von Sexualität und Körperlichkeit im christlichen Kontext vgl. außerdem Hahn und Jacob 1994.

Statement (NOst, NWest) 1. Zeile: Ost 2. Zeile: West	stimme sehr zu	stimme eher zu	teils- teils	lehne eher ab	lehne sehr ab
Unsere heutige Zeit mit ihrer Vergnügungssucht und all den Ausschweifungen hat AIDS erst möglich gemacht (2116, 2109)	**14,7%** 21,5%	**29.8%** 31,6%	**29,3%** 23,6%	**18,7%** 15,2%	**7,6%** 8,2%
Schuld an AIDS sind die Hauptrisiko- gruppen (2116, 2106)	**17,2%** 30,3%	**29,2%** 29,3%	**29,7%** 23,3%	**16,9%** 10,1%	**7,0%** 7,0%
Wenn alle so leben würden wie ich, gäbe es kein AIDS, und wir alle müßten keine Angst vor Ansteckung haben (2119, 2112)	**33,3%** 41,8%	**32,2%** 26,2%	**21,2%** 19,5%	**9,9%** 8,4%	**3,4%** 4,1%
Durch AIDS gefährdet sind doch in erster Linie ganz bestimmte Gruppen wegen ihres Lebens- wandels (2118, 2115)	**20,5%** 35,9%	**34,2%** 34,0%	**28,6%** 20,4%	**12,1%** 6,7%	**4,7%** 2,9%

Zieht man zur weiteren Analyse das aus diesen Items additiv gebildete Konstrukt[12] heran, dann ergibt sich folgende Verteilung: 39,2% im Osten und 50,1% im Westen sehen in AIDS ein schuldhaftes Phänomen. 41,8% der Befragten in den neuen und 35,2% in den alten Bundesländern äußern sich unentschieden. Wir interpretieren die "teils-teils"-Kategorie bei Statements mit als sozial nicht wünschenswert eingeschätztem oder zumindest als kontrovers beurteiltem Inhalt als Fluchtkategorie, die häufig von Personen gewählt wird, die entsprechende Sichtweisen zwar im Prinzip teilen, eine eindeutige Festlegung aber vermeiden möchten. Insgesamt distanzieren sich eindeutig mithin nur 19% im Osten und 14,7% im Westen von Schuldzuweisungen im Zusammenhang mit der Krankheit AIDS (vgl. Abbildung 4.3.2.1). Berücksichtigt man die Anstrengungen, ein tolerantes und angstfreies Klima für AIDS-Kranke und HIV-Infizierte zu schaffen und eine sachliche Auseinandersetzung mit der Krankheit zu fördern, dann können diese Werte kaum anders als ernüchternd niedrig bezeichnet werden. Für Befragte in beiden Landesteilen läßt sich

---

12 vgl. dazu Kap. "Datenmodifikationen".

konstatieren, daß es vielfach zur sinnhaften Bewältigung von Krankheit gehört, diese auf individuelle Schuld zurückzuführen.

Abb. 4.3.2.1: AIDS ist eine Folge von Schuld und Verfehlungen

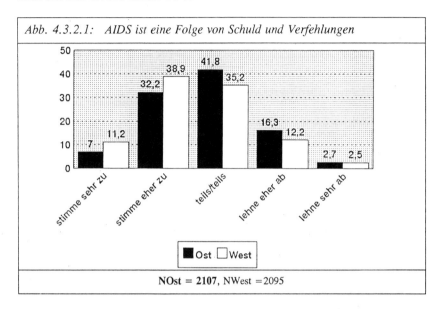

Zwischen dem Alter und der Neigung zu Schuldzuweisungen gibt es einen klaren linearen Zusammenhang: Mit zunehmendem Alter steigt auch die Zahl der Personen, die AIDS eindeutig als Folge von Schuld ansehen (vgl. Tabelle 4.3.2.1).

Neben dem Alter ist in beiden Populationen der formale Bildungsgrad eine weitere zentrale determinierende Variable für die Bereitschaft zu Schuldzuschreibungen. Diese ist in Gruppen mit niedriger Formalbildung in Ost- wie in Westdeutschland deutlich ausgeprägter als in den formal höher gebildeten Gruppen. Aber auch hier zeigt sich, daß selbst in der am höchsten gebildeten Gruppierung, den Befragten mit Abitur, nur eine Minderheit AIDS nicht als Schuldfrage interpretiert (vgl. Tabellen 4.3.2.2 und 4.3.2.3).

In den alten Bundesländern lassen sich bei der Frage nach der Bereitschaft zu Schuldzuschreibungen zudem signifikante Unterschiede zwischen der Bevölkerung in Großstädten und kleineren Gemeinden beobachten. Der Anteil derjenigen, die AIDS als schuldhaftes Phänomen interpretieren, sinkt linear mit steigender Wohnortgröße. In den neuen Bundesländern ist dieser Zusammenhang allerdings weniger prägnant. Die Zustimmungsquote sinkt nicht linear mit steigender Wohnortgröße, sondern ist bei Befragten aus mittelgroßen Städten sogar am höchsten. Auch in den neuen Ländern lassen sich aber deutliche Unterschiede zwischen Probanden aus Großstädten und solchen aus kleineren Gemeinden feststellen. Die Bereitschaft zu Schuldzuschreibungen ist in Großstädten beider Landesteile mit Abstand am niedrigsten ausgeprägt.

Tab. 4.3.2.1: *"Schuldzuschreibungen" nach Altersklassen (Angaben in Prozent)*

1. Zeile: Ost 2. Zeile: West	Altersklassen				
"AIDS ist Folge von Schuld"	18 b.u.30	30 b.u.40	40 b.u.50	50 b.u.60	ü. 60
stimme sehr zu	**2,3** 2,5	**5,2** 4,7	**5,0** 10,9	**9,4** 17,0	**13,3** 22,6
stimme eher zu	**21,9** 26,0	**24,6** 32,5	**34,1** 38,4	**40,0** 49,2	**44,1** 52,3
teils-teils	**46,4** 42,3	**46,2** 44,0	**45,7** 39,6	**36,3** 29,0	**33,3** 20,7
lehne eher ab	**24,3** 25,4	**21,2** 14,4	**13,1** 9,1	**12,2** 4,4	**8,3** 3,3
lehne sehr ab	**5,1** 3,8	**2,8** 4,5	**2,1** 2,1	**2,2** 0,3	**1,1** 1,0
total	100,0	100,0	100,0	100,0	100,0
Ost: West:	**Sig. = .000, Gamma = -.316, N = 2107** Sig. = .000, Gamma = -.450, N = 2081				

Tab. 4.3.2.2: *"Schuldzuschreibungen" nach Bildungsgrad Ost (Angaben in Prozent)*

	Bildungsgrad				
"AIDS ist Folge von Schuld"	Kein Abschl.	Volks- schule	Polytech. Obers.	EOS ohne Abitur	Abitur
stimme sehr zu	15,1	12,9	5,4	7,3	1,6
stimme eher zu	30,2	48,6	30,7	19,5	15,3
teils-teils	37,2	29,0	45,8	53,7	46,0
lehne eher ab	16,3	8,7	16,1	19,5	28,1
lehne sehr ab	1,2	0,8	2,1	-	8,9
total	100,0	100,0	100,0	100,0	100,0
Sig. = .000, Gamma = .396, N = 2093					

Tab. 4.3.2.3: *"Schuldzuschreibungen" nach Bildungsgrad West (Angaben in Prozent)*

	Bildungsgrad			
"AIDS ist Folge " von Schuld"	Kein Abschluß	Haupt- schule	Mitt. Reife	FHR/ Abitur
stimme sehr zu	15,2	16,9	4,7	4,5
stimme eher zu	41,8	46,0	40,3	17,8
teils-teils	38,0	30,6	39,4	40,5
lehne eher ab	3,8	5,4	14,1	29,2
lehne sehr ab	1,3	1,1	1,6	7,9
total	100,0	100,0	100,0	100,0
Sig. = .000, Gamma = .440, N = 2043				

Zusammenfassend läßt sich feststellen, daß es trotz aller Bemühungen, ein tolerantes und angstfreies gesellschaftliches Klima für Betroffene zu schaffen, für die Mehrheit der Befragten in beiden Landesteilen zur sinnhaften Bewältigung von AIDS gehört, diese auf Schuld zurückzuführen.

4.3.3 AIDS als Gefahr oder als Risiko

"Risiko" ist spätestens seit Beck 1986 den Entwurf zu einer Theorie der "Risikogesellschaft" vorgestellt hat, ein vielbeachteter und -verwendeter Begriff in der deutschen Soziologie.[1] Insbesondere an Beck wird aber kritisiert, daß er den Begriff des Risikos nicht soziologisch expliziert, sondern ihn auf technische Aspekte beschränkt. "Risiken werden bei Beck nicht in Terms sozialen Handelns begriffen; sie erscheinen vielmehr als *technische* Gefährdungen, die gesellschaftlich nur in dem Maße relevant werden, als sie mit sozialen Auswirkungen verknüpft sind. Ein solches Konzept läuft freilich weniger auf eine Theorie der «Risikovergesellschaftung» hinaus, sondern eher auf die Analyse einer «Risikofolgengesellschaft», die, präziser noch, als eine «Gefahrengesellschaft» zu charakterisieren wäre."[2] Demgegenüber orientiert sich der Risikobegriff, wie er insbesondere von Luhmann entwickelt wurde, nicht an Eigenschaften von Technik, sondern an dem historisch variierenden Handlungspotential von Gesellschaften.[3]

Luhmann diskutiert dabei zunächst den Gegensatz von "Risiko" und "Sicherheit" und kritisiert daran, daß die Dichotomie von Sicherheit und Risiko suggeriert, daß es Sicherheit hinsichtlich des Nichteintretens künftiger Nachteile oder Schäden gibt. Eben dies ist aber in Anbetracht einer unabänderlich kontingenten Zukunft eine Fiktion. Sicher ist - so könnte man sagen - nur, daß nichts sicher ist. Der Begriff der "Sicherheit" ist mithin eine Leerformel. "Wenn man das einmal zugestanden hat, braucht man den Sicherheitsbegriff nicht weiter mitzuführen. Man kann ihn ersetzen durch die These, daß es keine Entscheidung ohne Risiko gibt."[4]

Stattdessen schlägt Luhmann die Differenz von "Risiko" und "Gefahr" vor. Diese Unterscheidung mag zunächst vielleicht als ungewöhnlich erscheinen und hat lange Zeit auch keine Rolle gespielt, weil der Gefahrbegriff semantisch nahe beim Risikobegriff angesiedelt ist.[5] Risiko und Gefahr werden bei Luhmann als

---

1 Bedeutsame Arbeiten zu der zugrundeliegenden Problematik hat es natürlich schon früher gegeben, etwa die Arbeit von Kaufmann (1973) über Sicherheit.

2 Bonß 1991, S. 7.

3 vgl. dazu Luhmann 1991, 1990. Zu dieser Unterscheidung und ihrer Anwendung auf AIDS und Krankheiten allgemein vgl. auch Eirmbter, Hahn und Jacob 1993, S. 43-54; Hahn, Eirmbter und Jacob 1992; Jacob 1995, S. 82-103 und S. 131-134.

4 Luhmann 1990, S. 134.

5 vgl. Luhmann 1990, S. 134. Beck etwa verwendet die Begriffe synonym; vgl. z. B. Beck 1986, S. 101:"In der Risikogesellschaft werden zusätzlich andere Fähigkeiten lebensnotwen-

binäre Typen unsicherheitsorientierten Handelns konzipiert. Dabei stellt Risiko eine Gefährdung dar, die gewagt wird, die man also sich selbst zurechnet und die im Prinzip vermeidbar wäre, wenn man auf bestimmte Handlungen verzichtete. Gefahr dagegen wird der Umwelt zugerechnet, einer Gefahr ist man ausgesetzt.[6] Sie erscheint individuell als nicht kontrollierbar - was natürlich nicht ausschließt, daß man versucht, die Umwelt durch eigene Handlungen weniger gefährlich zu gestalten. Entsprechende Handlungen sind aber bei klassischen, schicksalhaften Gefahren typischerweise unspezifisch und symbolisch - indem man beispielsweise bestimmte Rituale praktiziert, Opfer bringt oder Talismane trägt. "Es ist wichtig, zwischen Risiko und Gefahr begrifflich klar zu unterscheiden. Von Risiken spricht man dann, wenn etwaige künftige Schäden auf die eigene Entscheidung zurückgeführt werden. Wer kein Flugzeug besteigt, kann nicht abstürzen. Bei Gefahren handelt es sich dagegen um von außen kommende Schäden. Um im Beispiel zu bleiben, daß man durch herabfallende Flugzeugtrümmer getötet wird. Beide Fälle behandeln die Ungewißheit eines künftigen Schadens, sind also Gegenfälle zur Sicherheit. Sie unterscheiden sich aber an der Frage, ob das Unglück auf eine Entscheidung zugerechnet wird oder nicht."[7]

Daß Risiken auf Entscheidungen zugerechnet und Gefahren externalisiert werden, wäre aber nur dann unproblematisch, wenn sich diese Sachverhalte auch klar trennen ließen. Dies ist aber gerade nicht der Fall. "Wir stehen vor einem klassischen Sozialparadox: Die Risiken sind Gefahren, die Gefahren sind Risiken, weil es sich um ein und denselben Sachverhalt handelt, der mit einer Unterscheidung beobachtet wird, die eine Differenz der beiden Seiten verlangt. Dasselbe ist verschieden."[8] Dies bedeutet, daß gleiche Sachverhalte verschieden interpretiert werden und damit eine sozial konstruierte Wirklichkeit vorliegt, die individuell oder gruppenspezifisch variiert.

Es kommt auf diese Weise auch zu einer Trennung von "Entscheidern" und "Betroffenen". Unsicherheiten, auf die sich ein Entscheider einläßt und so als Risiken interpretieren kann, stellen sich für die von solchen Entscheidungen betroffenen Personen als Gefahren dar, wenn sie die Entscheidungen nicht beeinflussen und kontrollieren können. Selbstzurechnungen von Folgen kommen

---

dig. Wesentliches Gewicht gewinnt hier die *Fähigkeit, Gefahren zu antizipieren, zu ertragen, mit ihnen biographisch und politisch umzugehen.*" Hervorhebungen im Original.

6   Bei individuellen Schädigungen durch Gefahren spielt eigenes Verhalten selbstverständlich ebenfalls eine Rolle, "aber nur in dem Sinne, daß es jemanden in eine Situation führt, in der dann der Schaden eintritt. (Hätte man einen anderen Weg genommen, wäre einem der Dachziegel nicht auf den Kopf gefallen)." Luhmann 1991, S. 32.

7   Luhmann 1988, S. 86.

8   Luhmann 1991, S. 117.

hier also nicht in Betracht. Für Betroffene solcher Entscheidungen handelt es sich um Gefahren, und zwar selbst dann, wenn sie reflektieren, daß es sich aus der Position des Entscheiders (der sie unter anderen Umständen selbst sein könnten) um Risiken handelt.[9] Ein Risiko mag noch so rational und unter Berücksichtigung aller verfügbaren Informationen kalkuliert sein, für die Personen, die nicht an dieser Kalkulation und Entscheidung beteiligt sind, stellt es sich als Gefahr dar. Grundsätzlich erweist sich also, daß die Zuschreibungen von Verantwortung und Zuständigkeit, von Gefahr und Risiko sozial umstritten sein können und ein Konsens darüber schwer herzustellen ist.[10] Und dies liegt möglicherweise nicht nur an der Trennung von Entscheidern und Betroffenen, sondern auch an spezifischen Persönlichkeitsmerkmalen. Denn da "Risiko" und "Gefahr" Chiffren für unsicherheitsorientierte Wahrnehmungsmuster sind, ist es möglich, daß die eine oder die andere Sichtweise die zentrale Strategie des Weltzugangs von Personen ist.

Klassische Beispiele für Gefahren in dem hier verwendeten Sinn waren jahrhundertelang schwere Infektionskrankheiten. Sie sind entscheidungsunabhängig entstanden; ob man sich infiziert oder nicht ist - vor allem bei unsicherem Wissen über die jeweilige Krankheit - individuell kaum steuerbar, sondern erscheint als Fatum, dem man höchstens durch generelle Meidung oder Isolierung der bereits Erkrankten hoffte, entgehen zu können. Diese Interpretation von Krankheiten als Gefahren konnte sich erst ändern mit den Erfolgen der medizinischen Wissenschaft. Krankheiten, für die nach deren genauerer Erforschung in zunehmendem Maß Impfstoffe, Therapien und verhaltenspräventive Ratschläge zur Verfügung standen, erschienen parallel dazu auch als (grundsätzlich) individuell vermeidbar und wurden zum Risiko.[11]

AIDS als neu aufgetretene Krankheit bietet Anschlußmöglichkeiten für beide Interpretationsmuster. Hier zeigen sich exemplarisch auch die Probleme der einheitlichen Einschätzung eines mit Unsicherheit verbundenen Phänomens. AIDS ist eine schwere, im finalen Stadium durch manifeste körperliche Symptome sichtbare und bislang nach Ausbruch meist tödlich endende Infektionskrankheit.[12] Zudem ist die Krankheit bislang unheilbar, ihre Herkunft und Ursache

---

9 vgl. Luhmann 1991, S. 117.
10 Für die Problematik der Verständigung und die Schwierigkeit, kommunikativ zu einer Einigung zu kommen vgl. Hahn 1989, S. 346-359.
11 Ob sie im Einzelfall subjektiv auch so wahrgenommen werden, ist eine andere Frage.
12 Hier muß angemerkt werden, daß es inzwischen eine Reihe von Fällen gibt, wo trotz über 12-jähriger Infektion mit HIV die Krankheit nicht zum Ausbruch gekommen ist und sich die Betroffenen guter Gesundheit erfreuen; vgl. dazu die Beilage "Natur und Wissenschaft" in der FAZ vom 1.7. 1993. Siehe außerdem den Beitrag über Langzeitpositive in "Der Spiegel", Nr. 23, 1993, S. 200-214.

war anfänglich unklar und bot Anlaß zu vielfältigsten Spekulationen in den Medien. Die Unsicherheit durch die bloße Existenz der Krankheit wurde verstärkt durch Wissensunsicherheiten über AIDS. AIDS scheint als universale Bedrohung präsent zu sein, denn jeder kann sich *grundsätzlich* anstecken. Ansteckungsgefahren werden als ubiquitär vorgestellt und zwar sehr oft im Gegensatz zu bislang vorliegenden Kenntnissen der "wirklich" gegebenen Möglichkeiten einer Infektion; so etwa, wenn Mitglieder des Alpenvereins anfragen, ob man noch ohne Handschuhe einen gesicherten Klettersteig benutzen könne oder Techniker eines Kongreßzentrums unsicher sind, ob sie Mikrofone, in die auch HIV-infizierte-Personen gesprochen haben, ohne Handschuhe anfassen können.[13] AIDS erfüllt mithin alle Voraussetzungen, um an tradierte alltagstheoretische Interpretationsmuster schwerer Krankheiten aus vormoderner Zeit angeschlossen zu werden,[14] deren Ätiologie und Übertragungsweise ebenfalls unklar waren, gegen die es keine verläßlichen Therapien gab, die unterschiedslos Junge und Alte, Arme und Reiche treffen konnten und auch trafen: AIDS erscheint dann in diesem Vorstellungskontext ebenfalls als Gefahr.

Andererseits ist AIDS, im Unterschied zu den grassierenden Seuchen früherer Zeiten, bislang aber gerade nicht allgegenwärtig. Die Infektiosität von HIV ist, verglichen mit der von anderen Krankheiten, eher schwach ausgeprägt. Nicht jeder ist unterschiedslos in gleicher Weise ansteckungsgefährdet, sondern eine Infektion mit dem Virus ist an spezifische, individuell steuerbare Verhaltensweisen und Übertragungswege gebunden. Eine Infektionsvermeidung ist daher individuell durch *technisch* unproblematisch zu handhabende Schutzvorkehrungen oder die Vermeidung dieser *Situationen* auch leicht zu bewerkstelligen. Jeder kann selbst dafür sorgen, eine Ansteckung zu vermeiden: AIDS stellt sich als Risiko dar. Die seit geraumer Zeit für jeden Verbandskasten vorgeschriebenen AIDS-Handschuhe können dabei wie ein Symbol der Gleichzeitigkeit von Gefahr und Risiko, von tödlicher Allgegenwart und prinzipieller Schutzmöglichkeit aufgefaßt werden.

Mit vier Statements wurden in der Befragung Aspekte der Einschätzung von AIDS als allgegenwärtiger und kaum zu beeinflußender Gefahr angesprochen:

---

13 Auch Bengel und Koch verweisen auf Laienannahmen zur Infektiosität von AIDS, die unter anderem zum Inhalt haben, daß das Virus überall sei und durch Berührungen oder durch die Luft übertragen werden könne; vgl. Bengel und Koch 1990, S. 116.
14 Göckenjan und Rosenbrock weisen beispielsweise auf deutliche Affinitäten der Reaktionen auf TBC früher und AIDS heute hin; vgl. Göckenjan und Rosenbrock 1989.

Statement (NOst, NWest) 1. Zeile: Ost 2. Zeile: West	stimme sehr zu	stimme eher zu	teils- teils	lehne eher ab	lehne sehr ab
Wenn man es genau bedenkt, gibt es gar keinen wirksa- men Schutz vor AIDS (2115, 2110)	5,5% 9,3%	14,2% 14,2%	26,3% 21,3%	37,8% 32,2%	16,2% 22,9%
AIDS-Gefahren lauern überall (2113, 2111)	10,5% 9,4%	17,6% 17,4%	28,7% 24,6%	32,3% 30,4%	11,0% 18,1%
Die AIDS-Bedrohung führt noch dazu, daß man sich außerhalb der eigenen vier Wände nirgends mehr sicher fühlen kann (2108, 2111)	3,2% 2,7%	8,3% 9,0%	20,9% 14,4%	37,9% 28,7%	29,7% 45,1%
Heute muß man eigent- lich jedem mißtrauen, weil man ja nicht weiß, wer AIDS-infi- ziert ist (2118, 2115)	7,1% 6,3%	12,9% 18,5%	26,1% 23,5%	40,6% 28,7%	13,1% 23,0%

Die durch additive Verknüpfung der Items gebildete Skala weist folgende Verteilungen auf: 8,4% der Befragten in den fünf neuen Ländern und 10,3% in der alten Bundesrepublik sehen AIDS dezidiert als Gefahr an, was uns in Anbetracht der dahinterliegenden und z. T. inhaltlich durchaus extremen Items als vergleichsweise hoch erscheint. Darüberhinaus sind aber weitere 34% bzw. 28% unentschieden, was insbesondere bei dieser eng mit Ansteckungsängsten und existentiellen Verunsicherungen verknüpften Thematik im Zweifelsfall eher zu einer Interpretation von AIDS als Gefahr mit den daraus resultierenden Verhaltensdispositionen führen dürfte. Entschieden abgelehnt wird diese Sichtweise von 56,8% der Befragten in der ehemaligen DDR und von 60,9% in den alten Bundesländern. Diese Befunde deuten darauf hin, daß die bisherigen Informationskampagnen, die AIDS als vermeidbares Risiko darstellen, noch nicht die gewünschte Wirkung erzielt haben (vgl. Abbildung 4.3.3.1).

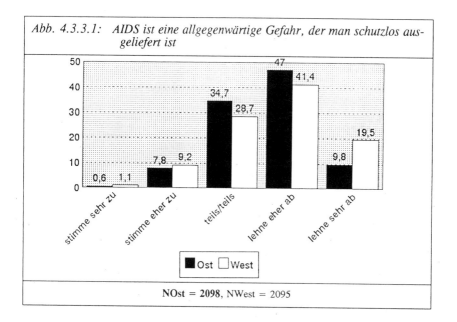

Die theoretische Alternativposition der Einschätzung von AIDS als Risiko
wurde demgegenüber empirisch weniger zufriedenstellend erfaßt. Für die alten
Bundesländer haben sich entsprechende Operationalisierungen als wenig valide
erwiesen. Auch diejenigen Personen, die den Gefahr-induzierenden Items zugestimmt haben und auch aufgrund ihres sonstigen Antwortverhaltens (bezüglich
Ansteckungstheorien, Stigmatisierungs- und Ausgrenzungsbereitschaften) AIDS
offenkundig eher als Gefahr ansehen, haben Risiko-Indikatoren zugestimmt, so
daß wir hier nahezu eine Konstante abgefragt hatten.[15] Demgegenüber ließ sich
nach Modifikation eines Items für die fünf neuen Länder zwar ein eigenständiger Risikofaktor isolieren, auf dem die Statements 7 C und 7 G laden.[16] Auch
hier stimmen aber die weitaus meisten und auch diejenigen, die AIDS als
Gefahr ansehen, diesen "Risikoitems" zu.

Wir vermuten, daß hier ein Effekt der unterschiedlichen Art und Intensität
von Informationskampagnen durchscheint. Die Thematisierung spezifischer
Ansteckungswege und die damit verbundenen Möglichkeiten einer individuell
handhabbaren Infektionsvermeidung war und ist Kern einer Reihe von Aufklä-

---

15 So haben dem Statement "Vor AIDS kann man sich schützen", welches in ähnlicher Form
Bestandteil einer Reihe von Aufklärungskampagnen war, 83% zugestimmt und nur 3,6% dies
abgelehnt.
16 siehe dazu auch Kap. "Datenmodifikationen".

rungsbotschaften über AIDS - die Risikosichtweise ist gewissermaßen die offizielle Sichtweise von AIDS.

Allerdings zeigten unsere Analysen mit dem Datensatz für die alten Bundesländer, daß damit nicht selten nur sozusagen "lexikalisches" Wissen erzeugt wird, welches bei Bedarf (etwa bei einem solchen Fragestimulus) abgerufen und reproduziert wird, aber nicht handlungsrelevant ist. Die Situation in der ehemaligen DDR scheint uns demgegenüber deshalb heterogener zu sein (was sich in der größeren Varianz der beiden entsprechenden Items niederschlägt), weil AIDS für die Bevölkerung zum Befragungszeitpunkt ein vergleichsweise neues Thema war, mit dem sie vor dem Fall der Mauer kaum je unmittelbar oder medienvermittelt und auch nicht durch Kampagnen der BZgA konfrontiert wurden - außer, soweit dies rezipiert wurde, durch das West-Fernsehen. Die zeitliche Dauer, während der die Bevölkerung Ziel staatlicher Präventionskampagnen war, reichte offenbar noch nicht aus, um deren Inhalte zum abrufbaren Allgemeinwissen werden zu lassen. Aber auch für die neuen Bundesländer zeichnen sich Tendenzen ab, ein reproduzierbares Risikowissen zu speichern, welches aber kaum handlungsrelevant ist. Inwieweit diese Vermutung sich erhärten läßt, ist natürlich nur mit Hilfe einer Längsschnittuntersuchung zu überprüfen, die zur Evaluation bisheriger präventiver Bemühungen mit massenwirksamer Zielsetzung dringend notwendig ist.

Aus Gründen der Vergleichbarkeit der Populationen in den alten und neuen Bundesländern verwenden wir zur weiteren Analyse die Gefahr-Skala. Aufgrund der theoretischen Anlage des Konstruktes "Risiko-Gefahr" als binärem Schematismus für die Interpretation von Kontingenz gehen wir davon aus, daß zumindest die explizite Bejahung gefahrindizierender Statements eine Risikoperspektive ausschließt. Diese Überlegung wird durch die bisherigen Analysen des West-Datensatzes gestützt.[17]

In den alten Bundesländern ist die Interpretation von AIDS als allgegenwärtiger Gefahr unter anderem eine Funktion des Alters. Ältere glauben deutlich häufiger als Jüngere, daß man überall mit AIDS zu rechnen hat und es kaum eine Schutzmöglichkeit vor der Krankheit gibt. Demgegenüber hat das Alter der Befragten in den fünf neuen Ländern interessanterweise keinen signifikanten Einfluß auf diese Einschätzung der Krankheit. Zwar läßt sich bei Zustimmung und Ablehnung eine ähnliche Tendenz wie im Westen beobachten, diese Unterschiede sind aber nicht signifikant (vgl. Tabelle 4.3.3.1).

---

17 vgl. dazu Eirmbter, Hahn und Jacob 1993.

Tab. 4.3.3.1:   *"AIDS als allgegenwärtige Gefahr" nach Alterklassen (Angaben in Prozent)*

1. Zeile: Ost 2. Zeile: West	Altersklassen				
"AIDS ist eine allgegenwärtige Gefahr"	18 b.u.30	30 b.u.40	40 b.u.50	50 b.u.60	ü. 60
stimme sehr zu	**0,6** -	**0,2** 1,4	**1,2** 1,7	**1,3** 0,9	**0,2** 1,7
stimme eher zu	**5,1** 8,2	**7,4** 7,1	**7,4** 7,6	**10,4** 11,0	**9,5** 12,4
teils-teils	**34,0** 22,1	**33,7** 27,3	**33,6** 27,6	**37,1** 35,7	**35,7** 33,5
lehne eher ab	**48,7** 43,9	**48,5** 42,4	**47,6** 44,5	**41,2** 39,5	**47,1** 32,5
lehne sehr ab	**11,5** 25,8	**10,2** 21,9	**10,1** 18,6	**10,1** 12,9	**7,4** 14,9
total	100,0	100,0	100,0	100,0	100,0
Ost: West:	**Sig. = .097, Gamma = -.078, N = 2098** Sig. = .000, Gamma = -.172, N = 2089				

Allerdings hat der Bildungsstatus in beiden Landesteilen wiederum einen signifikanten Einfluß auf die Interpretation von AIDS als Gefahr. Mit steigender Formalbildung nimmt der Anteil von Personen, die dieser Sichtweise der Krankheit zustimmen, kontinuierlich ab (vgl. Tabellen 4.3.3.2 und 4.3.3.3).

Ein eindeutiger Einfluß der Wohnortgröße ließ sich bei der Einschätzung von AIDS als Gefahr nicht nachweisen. Tendenziell zeigt sich aber, daß AIDS in kleinen und kleinsten Gemeinden häufiger als Gefahr interpretiert wird, während dieser Anteil in Großstädten deutlich niedriger ist.

Tab. 4.3.3.2:   *"AIDS als allgegenwärtige Gefahr" nach Bildungsgrad Ost
(Angaben in Prozent)*

"AIDS ist eine allg. Gefahr"	Bildungsgrad				
	Kein Abschl.	Volks- schule	Polytech. Obers.	EOS ohne Abitur	Abitur
stimme sehr zu	**1,2**	**1,0**	**0,6**	-	-
stimme eher zu	**9,4**	**10,9**	**7,9**	**7,7**	**2,6**
teils-teils	**29,4**	**37,2**	**35,2**	**59,0**	**27,5**
lehne eher ab	**45,9**	**42,8**	**48,5**	**30,8**	**50,2**
lehne sehr ab	**14,1**	**8,1**	**7,7**	**2,6**	**19,8**
total	100,0	100,0	100,0	100,0	100,0
Sig. = .000, Gamma = .154, N = 2086					

Tab. 4.3.3.3:   *"AIDS als allgegenwärtige Gefahr" nach Bildungsgrad West
(Angaben in Prozent)*

"AIDS ist eine all-" gegenwärtige Gefahr"	Bildungsgrad			
	Kein Abschluß	Haupt- schule	Mitt. Reife	FHR/ Abitur
stimme sehr zu	1,3	1,7	0,7	-
stimme eher zu	13,8	12,4	6,7	2,8
teils-teils	43,8	34,2	25,8	15,1
lehne eher ab	33,8	37,8	43,9	49,2
lehne sehr ab	7,5	13,8	22,9	33,0
total	100,0	100,0	100,0	100,0
Sig. = .000, Gamma = .352, N = 2049				

**In Ost- wie in Westdeutschland wird AIDS von beachtlichen Minderhei-
ten als eine hochinfektiöse Krankheit angesehen, die nahezu überall lauert.
Dies ist insofern bemerkenswert, als die Prävalenz von HIV in Ostdeutschland deutlich hinter der in Westdeutschland zurückbleibt.**

4.4 Umgang mit AIDS

4.4.1 Ausgrenzung Betroffener

Die Frage danach, wie die Bevölkerung mit Betroffenen, Kranken und Infizierten, umgeht, wird umso wichtiger für das Zusammenleben in einer Gesellschaft mit AIDS, je länger die Krankheit anhält, ohne daß sich medizinische Lösungen abzeichnen, und je stärker das Gefühl von Bedrohung anwächst. Zu diesem Gefühl der Bedrohung dürfte die Diskussion über verseuchte Blutprodukte im Herbst 1993 einiges beigetragen haben. Die Bereitschaft zur Isolierung Betroffener oder auch nur vermeintlich Betroffener sowie repressive Denkmuster und Verhaltensformen könnten weiter zunehmen.[1] Bereits jetzt haben wir in unserer Untersuchung manifeste Kontaktmeidungs- und Ausgrenzungstendenzen festgestellt, wie die Zustimmungsquoten für die folgenden Statements zeigen.

So würden sich etwa je 24 % der Bevölkerung in Ost- und in Westdeutschland durch einen AIDS-kranken Nachbarn gestört fühlen, rund 23 % (Ost) und 27 % (West) der Befragten würden eine Ausgrenzung von AIDS-Kranken bei Freizeitaktivitäten befürworten. Dagegen lehnt nur rund ein Viertel der Befragten in beiden Landesteilen das Statement ab, mit AIDS-Infizierten am liebsten gar keinen Kontakt haben zu wollen. Der persönliche Wunsch nach Kontaktvermeidung ist durchaus erheblich, selbst wenn er nicht in jedem Fall zur eingestandenen Befürwortung bestimmter Maßnahmen führt, die solche Kontaktsperren sichern könnten. Auch diejenigen, die mit Betroffenen nichts zu tun haben wollen, fühlen sich (noch?) nicht in jedem Fall durch infizierte Nachbarn gestört. Schließlich kann man ja auch den Kontakt zu Nachbarn einschränken oder gänzlich vermeiden.[2]

---

1 vgl. dazu exemplarisch Salmen 1987; Bleibtreu-Ehrenberg 1989, S. 213 ff.
2 vgl. zu Fragen der Nachbarschaft exemplarisch Pfeil 1959, Hallman 1984, Lüschen 1989.

Statement (NOst, NWest) 1. Zeile: Ost 2. Zeile: West	stimme sehr zu	stimme eher zu	teils-teils	lehne eher ab	lehne sehr ab
Wenn ich es mir recht überlege, möchte ich mit AIDS-Infizierten doch lieber gar keinen Kontakt haben (2108, 2115)	16,8% 18,9%	25,9% 28,7%	30,9% 25,0%	20,5% 16,5%	5,8% 10,9%
Ein AIDS-Kranker in meiner Nachbarschaft würde mich stören (2107, 2114)	6,1% 7,2%	18,2% 17,2%	30,5% 20,7%	29,2% 24,7%	16,0% 30,1%
Es ist unverantwortlich, AIDS-kranke Kinder zusammen mit gesunden Kindern spielen zu lassen (2108, 2108)	9,6% 13,0%	18,0% 20,1%	35,4% 29,9%	23,5% 18,2%	13,5% 18,7%
Zumindest in der Freizeit sollten sich die Gesunden Bereiche schaffen dürfen, wo man vor AIDS sicher ist (2114, 2113)	5,0% 7,9%	18,2% 19,5%	30,8% 25,0%	30,5% 23,9%	15,6% 23,6%
Ich hätte Verständnis dafür, wenn die Gesunden sich zusammenschließen und für sich bleiben (2114, 2115)	4,5% 7,4%	16,3% 20,4%	25,5% 21,5%	34,9% 24,9%	18,8% 25,8%

Faßt man diese Items durch additive Verknüpfung zusammen,[3] ergibt sich folgende Verteilung (vgl. Abbildungen 4.4.1.1):

---

3 vgl. dazu Kap. "Datenmodifikationen".

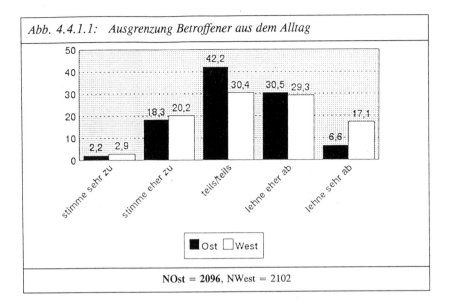

Abb. 4.4.1.1: Ausgrenzung Betroffener aus dem Alltag

NOst = 2096, NWest = 2102

Insgesamt über 20% wollen mit Kranken und Infizierten keinen Kontakt und befürworten Maßnahmen, die diese Personengruppen aus dem Alltagsleben ausgrenzen. Nur Minderheiten, nämlich 37,3% in den neuen und 46,4% der Befragten in den alten Bundesländern lehnen solche Vorstellungen explizit ab. Hier fällt außerdem wiederum die extrem hohe Besetzung der Mittelkategorie in den neuen Bundesländern auf. Nahezu die Hälfte der Befragten äußert sich unentschieden.

Differenziert nach Altersklassen zeigt sich, daß mit steigendem Alter auch der Anteil derer steigt, die gegen eine Ausgrenzung von Kranken und Infizierten nichts einzuwenden hätten und Kontakt mit Betroffenen auf jeden Fall vermeiden möchten (vgl. Tabelle 4.4.1.1).

Wiederum ist neben dem Alter in Ost- wie in Westdeutschland der formale Bildungsgrad eine weitere wichtige Einflußgröße für Tendenzen zur Kontaktmeidung und Ausgrenzung. Mit steigenden Bildungsgrad sinkt die Bereitschaft, Betroffene zu meiden und auszugrenzen (vgl. Tabellen 4.4.1.2 und 4.4.1.3).

Tab. 4.4.1.1: "*Ausgrenzung Betroffener*" *nach Altersklassen (Angaben in Prozent)*

1. Zeile: Ost 2. Zeile: West	Altersklassen				
"Ausgrenzung Betroffener"	18 b.u.30	30 b.u.40	40 b.u.50	50 b.u.60	ü. 60
stimme sehr zu	**1,1** 1,3	**1,6** 1,4	**1,5** 2,6	**2,5** 4,4	**4,4** 5,4
stimme eher zu	**12,4** 10,3	**13,0** 13,6	**16,6** 21,9	**22,6** 26,3	**28,1** 31,7
teils-teils	**40,6** 27,5	**42,5** 26,9	**47,5** 31,3	**38,1** 34,5	**42,4** 33,8
lehne eher ab	**35,3** 35,9	**34,3** 31,4	**29,4** 28,7	**30,2** 27,5	**22,8** 21,7
lehne sehr ab	**10,7** 25,0	**8,6** 26,7	**5,0** 15,5	**6,6** 7,3	**2,3** 7,3
total	100,0	100,0	100,0	100,0	100,0
Ost: West:	**Sig. = .000, Gamma = -.225, N = 2096** Sig. = .000, Gamma = -.314, N = 2088				

Tab. 4.4.1.2: "*Ausgrenzung Betroffener*" *nach Bildungsgrad Ost (Angaben in Prozent)*

	Bildungsgrad				
"Ausgrenzung Betroffener"	Kein Abschl.	Volks- schule	Polytech. Obers.	EOS ohne Abitur	Abitur
stimme sehr zu	**5,9**	**4,8**	**1,4**	-	-
stimme eher zu	**20,0**	**30,0**	**15,8**	12,5	9,6
teils-teils	**40,0**	**41,5**	**44,6**	65,0	31,5
lehne eher ab	**30,6**	**20,6**	**32,4**	20,0	40,2
lehne sehr ab	**3,5**	**3,0**	**5,8**	2,5	18,0
total	100,0	100,0	100,0	100,0	100,0
Sig. = .000, Gamma = .327, N = 2084					

Tab. 4.4.1.3: "Ausgrenzung Betroffener" nach Bildungsgrad West (Angaben in Prozent)

"Ausgrenzung Betroffener"	Bildungsgrad			
	Kein Abschluß	Haupt- schule	Mitt. Reife	FHR/ Abitur
stimme sehr zu	7,5	3,9	2,5	0,3
stimme eher zu	26,3	27,2	16,0	6,7
teils-teils	40,0	33,9	29,1	20,4
lehne eher ab	23,8	24,9	33,1	37,0
lehne sehr ab	2,5	10,2	19,2	35,6
total	100,0	100,0	100,0	100,0
Sig. = .000, Gamma = .393, N = 2050				

Eine Differenzierung nach Wohnortgrößenklassen liefert erneut ein weniger eindeutiges Bild. In den alten Bundesländern sinkt die Ausgrenzungsbereitschaft mit zunehmender Wohnortgröße zwar nahezu linear von 35,2% bei Einwohnern kleinster Gemeinden auf 17,8% bei Großstädtern. Dagegen läßt sich ein ähnlicher linearer Effekt in den neuen Bundesländern nicht beobachten. Auch hier sind aber zumindest die Unterschiede zwischen den Extremkategorien signifikant: rund 23% der Befragten in kleinen Gemeinden, aber nur 15% in Großstädten votieren eindeutig für Ausgrenzung.

Diese Befunde lassen für das gesellschaftliche Klima den Betroffenen gegenüber nichts Gutes hoffen, wenn die Zahl der Erkrankten und Infizierten - wovon nach wie vor auszugehen ist - weiter steigt. Bereits jetzt distanziert sich lediglich etwa mehr als ein Drittel der Bevölkerung ohne Einschränkung von ausgrenzenden und diskriminierenden Positionen. Auch wenn man nach unabhängigen Merkmalen wie Alter oder Bildungsstatus differenziert, ist es überwiegend nur eine - wenn auch unterschiedlich starke - Minderheit, die sich gegen die Ausgrenzung von AIDS-Infizierten und -Kranken wendet (Ausnahme: Befragte unter 40 Jahren bzw. mit formal höchstem Schulabschluß im Westen). Dabei sind die Unterschiede in der Ausgrenzungsbereitschaft zwischen den Befragten in den alten und den neuen Bundesländern eher gering, obwohl AIDS und HIV in den neuen Ländern vergleichsweise neue Themen sind und die Sichtbarkeit von Betroffenen oder mit der Krankheit assoziierten Phänomenen in der ehemaligen DDR gegen Null tendierte.

Es ist unseres Erachtens vor dem Hintergrund dieser Ergebnisse und der in den vorherigen Kapiteln referierten Zahlen deshalb sinnvoll, neben der Propagierung geeigneter Schutzmaßnahmen künftig auch wieder verstärkt für Verständnis und einen normalen alltäglichen Umgang mit Betroffenen zu werben.

4.4.2 Akzeptanz administrativer Maßnahmen

Dem feststellbaren Ausmaß an Verunsicherung und Angst, der ausgeprägten Neigung zu Schuldattributionen und der verbreiteten Bereitschaft zur Ausgrenzung AIDS-Kranker und -Infizierter aus dem persönlichen Nahbereich entspricht ein großes Potential von Befragten, die sich für repressive administrative Maßnahmen aussprechen; dies allerdings nur, solange nicht sie selbst sondern andere davon betroffen sind.

AIDS wird offenkundig als ein Symbol für Alterität angesehen wird: Die Kranken und Infizierten sind anders als man selbst. AIDS wird interpretiert als Fremdheitssignal.[1] Man selbst ist dann gefährdet, wenn man sich allzu eng mit "Fremden" einläßt oder gar "fremdgeht", also selbst ein "Fremder" wird. Um eben das zu verhindern, ist bei vielen die Neigung groß, Maßnahmen zuzustimmen, die diese zugeschriebene Fremdheit für alle sichtbar machen. Eine Sonderbehandlung von "Andersartigen" stößt offenbar auf umso geringere Widerstände, wie sich Fremdheit, Schuld und Gefährlichkeit zu einer festen Assoziation verbinden.[2]

Das zeigt sich an den Antworten auf Frage 25 (siehe S. 74), wo Zwangsmaßnahmen angesprochen wurden, die u. a. auch von einigen Politikern und Wissenschaftlern gefordert werden oder in ähnlicher Form zum Teil bereits verwirklicht wurden. Dabei ist generell auffällig, daß das repressive Potential auf insgesamt hohem Niveau bei den Befragten in den fünf neuen Ländern nochmals deutlich ausgeprägter ist als im Westen der Republik, ob nun nach der Akzeptanz einer Meldepflicht für Infizierte aus sog. Hauptrisikogruppen oder für alle Infizierten oder nach Zwangstests für Angehörige von "Hauptrisikogruppen" gefragt wird. Aus dem Rahmen fällt bei Frage 25 nur die niedrigere Akzeptanz von Grenzkontrollen und Einreiseverboten in der ehemaligen DDR, was vermutlich mit den eigenen Erfahrungen der Beschränkung individueller Freizügigkeit zusammenhängt.

Auffällig ist in diesem Zusammenhang die Tatsache, daß ausweislich der Antworten auf Frage 23 annähernd gleich große Mehrheiten in Ost und West Maßnahmen auf freiwilliger Basis zur Eindämmung von AIDS für effizienter halten als Zwangsmaßnahmen. Gleichwohl haben für fast alle der angespro-

---

1 vgl. dazu Eirmbter, Hahn und Jacob 1993, S. 30 ff; allgemein zu einer Soziologie des Fremden siehe Hahn 1992.

2 vgl. dazu auch Kapitel 3.5.

chenen Zwangsmaßnahmen mehr als 17% votiert. Diese vermeintliche Inkonsistenz fügt sich ebenfalls in die Trennung von Eigengruppe und stigmatisierter Fremdgruppe. Dabei scheint diese Stigmatisierung als solche offensichtlich aber gar nicht mehr wahrgenommen zu werden - denn in beiden Landesteilen lehnen sehr deutliche Mehrheiten der Personen, die Aufklärung und freiwillige Maßnahmen als die wirksameren Methoden zur AIDS-Bekämpfung ansehen, auch Zwangstests für alle ab, während entsprechende Ablehnungsquoten bei den übrigen angesprochenen Zwangsmaßnahmen wesentlich niedriger liegen. Als Zwangsmaßnahmen scheinen demnach von vielen Befragten nur solche Maßnahmen eingestuft zu werden, welche in subjektiv unangemessener Weise die "unschuldige" Eigengruppe tangieren. Betreffen entsprechende Vorhaben hingegen Fremdgruppen, die sich mit AIDS in Verbindung bringen lassen, werden diese - analog etwa den Maßnahmen, die für Straffällige oder psychisch Kranke verfügt werden - als Konsequenz individueller Verfehlungen oder als anders nicht zu therapierende, pathologische Eigenschaften angesehen. Zwang scheint hier also häufig als illegitime Einschränkung eigener individueller Freiheit interpretiert zu werden; eine subjektiv begründet erscheinende Beschränkung der persönlichen Freiheit anderer gilt demgegenüber nicht als Zwang, sondern als unausweichliche Notwendigkeit. Zu dieser Interpretation der Datenlage paßt auch, daß bei der Bekämpfung von AIDS mehrheitlich als vorrangiger Gesichtspunkt der Schutz der Gesunden, notfalls auch auf Kosten der Kranken, angesehen wird (vgl. Frage 32).

Die noch ausgeprägtere Akzeptanz staatlicher Zwangsmaßnahmen bei den Befragten in den neuen Bundesländern könnte auch damit zusammenhängen, daß staatliche Regelungen, die in der ehemaligen DDR eine Vielzahl von Lebensbereichen betrafen, häufig nicht als Zwang oder Eingriff, sondern als Entlastung eingeschätzt wurden und auch gegenwärtig insbesondere solche administrativen Aktivitäten akzeptiert und begrüßt werden, die sich als Fürsorge- oder Schutzmaßnahmen interpretieren lassen.

Dem bisher skizzierten Bild entsprechen die Zustimmungsquoten für die in Frage 30 vorgestellten weitergehenden Zwangsmaßnahmen. Diese Maßnahmen sind in der Öffentlichkeit ebenfalls diskutiert worden, waren aber im Unterschied zu den in Frage 25 angesprochenen Maßnahmen bisher nicht Gegenstand der offiziellen Politik. Im Fall der Zuständigkeit von Gerichten handelt es sich zudem nicht um Maßnahmen, die sich auf Kollektive, sondern auf Individuen beziehen.

Bei diesen Fragen hängt die Deutlichkeit, mit der viele Befragte für die Isolierung Betroffener plädieren, in hohem Maße von der sprachlichen Fassung des

Fragestimulus ab. Zwar befürworten nur jeweils rund 15% der Interviewten eine "Kennzeichnung aller AIDS-Infizierten", für eine "Trennung der Gesunden von den Kranken" sprechen sich aber bereits rund 30% aus, obwohl man sich fragen kann, wie denn eine solche "Trennung" ohne soziale "Kennzeichnung" funktionieren soll.

Für die "Schließung von Bordellen und das Verbot der Prostitution" entscheiden sich noch mehr Personen. Allerdings sind hier die Unterschiede zwischen den Befragten in den alten und neuen Bundesländern sehr auffällig; diese Maßnahme wird im Osten deutlich häufiger befürwortet. Auch dabei scheinen spezifische Fremdheitszuschreibungen und sich daran anschließende Reaktionen eine Rolle zu spielen, da direkte oder indirekte Erfahrungen mit dieser Art von Dienstleistungen in den fünf neuen Ländern bis zum Fall der Mauer mangels entsprechender offizieller Angebote nicht gemacht werden konnten. Unbekanntes erscheint auch hier als bedrohlich, zumal es in diesem Fall sozial stigmatisiert ist. Zudem fällt es in der Regel leichter, auf etwas zu verzichten, was man noch gar nicht kennt.

Die "Verschärfung des Seuchenrechts" entspricht im Westen schon der erklärten Absicht von fast der Hälfte der Befragten. Daß dieser Anteil im Osten etwas niedriger liegt als im Westen, könnte mit der anderen Ausgestaltung und Handhabung seuchenrechtlicher Vorschriften in der ehemaligen DDR zusammenhängen, wo AIDS wie andere sexuell übertragbare Krankheiten zu den meldepflichtigen Krankheiten zählte.[3]

Erkundigt man sich nach der Isolierung "uneinsichtiger" Infizierter, steigt der entsprechende Prozentsatz auf fast 70%, um schließlich ein Maximum von über 80% der Befürwortung von Bestrafung zu erreichen, wenn man nach wissentlicher Ansteckung anderer fragt, womit die Mehrheit auch in Übereinstimmung mit der gegenwärtigen deutschen Rechtsprechung ist.[4] Unterschiede zwischen den Befragten in den alten und den neuen Ländern gibt es hier nicht.

---

3 vgl. Günther 1991.
4 Der BGH hat in Bestätigung eines erstinstanzlichen Schuldspruchs des Landgerichts Nürnberg-Fürth zur Beurteilung ungeschützten Geschlechtsverkehrs HIV-Infizierter mit Nicht-Infizierten folgenden Leitsatz formuliert: "Ein HIV-Infizierter, der in Kenntnis seiner Ansteckung mit einem anderen ohne Schutzmittel Sexualverkehr ausübt, kann wegen gefährlicher Körperverletzung strafbar sein. Ist eine Übertragung des AIDS-Erregers nicht feststellbar, kommt Strafbarkeit wegen Versuchs in Betracht.", vgl. Endbericht der Enquete-Kommission "AIDS" 1990, S. 366.

Frage 23
Zur Eindämmung von AIDS gibt es in der Öffentlichkeit gegensätzliche Stand-
punkte: Die einen halten Aufklärung und freiwillige Maßnahmen für das Rich-
tige, die anderen fordern Zwangsmaßnahmen und Verbote. Was glauben Sie
persönlich, ist in erster Linie erfolgversprechend:

	Ost	*West*
Aufklärung und freiwillige Maßnahmen	*83,4%*	*82,3%*
Zwangsmaßnahmen und Verbote	*16,6%*	*17,7%*

NOst =2113, NWest = 2090

Frage 25
Zur Bekämpfung von AIDS werden verschiedene Maßnahmen vorgeschlagen.
Bitte sagen Sie mir, welchen möglichen Maßnahmen zur AIDS-Bekämpfung Sie
persönlich zustimmen bzw. welche Sie ablehnen.

1.Zeile Ost, 2.Zeile West	*stimme zu*	*lehne ab*	N
Meldepflicht für die Angehörigen der Haupt-	*75,0%*	*25,0%*	*2120*
risikogruppen, die sich angesteckt haben	*61,7%*	*38,3%*	*2106*
Generelle namentliche Meldepflicht aller	*71,3%*	*28,7%*	*2117*
Infizierten	*54,3%*	*45,7%*	*2106*
Grenzkontrollen und Einreiseverbot für	*42,2%*	*57,8%*	*2113*
AIDS-Infizierte	*48,4%*	*51,6%*	*2109*
Zwangstest nur für Hauptrisikogruppen	*58,9%*	*41,1%*	*2116*
.	*56,9%*	*43,1%*	*2110*
Zwangstest für alle	*22,0%*	*78,0%*	*2114*
	17,0%	*83,0%*	*2109*

Frage 30
Bisweilen werden zum Schutz der Gesunden auch Maßnahmen vorgeschlagen,
die unsere Gesellschaft sehr verändern könnten. Wenn nun AIDS weiter um sich
greift, würden Sie persönlich dann die folgenden Maßnahmen befürworten oder
ablehnen?

1. Zeile Ost, 2. Zeile West	würde ich befürworten	würde ich ablehnen	weiß ich nicht	N
Trennung der AIDS-Kranken	**29,1%**	**53,1%**	**17,8%**	**2121**
von den Gesunden	30,1%	54,7%	15,1%	2114
Kennzeichnung aller AIDS-	**15,1%**	**72,7%**	**12,2%**	**2117**
Infizierten	15,7%	72,2%	12,0%	2117
Isolierung uneinsichtiger	**69,2%**	**16,9%**	**13,9%**	**2118**
AIDS-Infizierter	69,7%	19,7%	10,6%	2114
Verschärfung des Seuchen-	**40,4%**	**24,8%**	**34,8%**	**2115**
rechts	47,8%	31,7%	20,4%	2114
Schließung von Bordellen	**44,7%**	**35,4%**	**20,0%**	**2120**
und Verbot der Prostitution	33,2%	49,3%	17,5%	2114
Bestrafung von Personen,				
die andere wissentlich mit	**82,3%**	**8,5%**	**9,2%**	**2121**
AIDS angesteckt haben	86,0%	8,2%	5,8%	2114

Frage 33
Wenn Sie über mögliche Maßnahmen zur AIDS-Bekämpfung nachdenken, wel-
cher Gesichtspunkt ist dann für Sie wichtiger:

	Ost	West
Schutz der Gesunden, notfalls auch auf Kosten der AIDS-Infizierten	**51,2%**	64,2%
oder:		
Persönlichkeitsschutz der AIDS-Kranken und -Infizierten	**48,8%**	35,8% .

NOst=2097, NWest= 2086

In all diesen Fällen kristallisieren sich bei einer Differenzierung nach unabhängigen Variablen die gleichen Verteilungen heraus wie schon in den vorherigen Kapiteln.

Zwischen dem Alter und der Zustimmung zu den in den Fragen 25 und 31 vorgestellten Zwangsmaßnahmen bestehen durchgängig klare lineare Zusammenhänge, die in nahezu allen Fällen signifikant sind. Allerdings läßt sich entsprechend der univariaten Verteilungen auch hier eine deutliche Niveauverschiebung zwischen Befragten in Ost- und Westdeutschland feststellen.

Stets nehmen die Anteile derjenigen, die solche Maßnahmen befürworten mit steigendem Alter zu. Hier fällt nur die Akzeptanz eines Zwangstestes für alle aus dem Rahmen, bei den westdeutschen Befragten ist hier ein signifikanter Zusammenhang nicht feststellbar. Hingegen hat das Alter in beiden Befragungspopulationen einen deutlichen Einfluß darauf, ob die wissentliche Ansteckung anderer mit AIDS als ein strafwürdiges Verhalten angesehen wird; auffällig ist allerdings, daß in Ostdeutschland in der höchsten Altersgruppe ein Abfall auf den gleichen Anteilswert wie in der niedrigsten zu beobachten ist.

Vor dem Hintergrund der spezifischen geschichtlichen Erfahrungen in Deutschland ist außerdem bemerkenswert, daß gerade bei den Ältesten eine Trennung der Kranken von den Gesunden, de facto also eine Internierung dieser Personengruppe, sowie die Kennzeichnung aller Infizierten eine weit überdurchschnittliche Zustimmung finden (vgl. Tabelle 4.4.2.1).

Neben dem Alter ist auch bei diesen Fragen der formale Bildungsgrad wiederum eine zentrale Determinante. In beiden Landesteilen ist - abgesehen von der Akzeptanz eines Zwangstests für alle in den fünf neuen Ländern - der Anteil der Befürworter repressiver Maßnahmen in den Gruppen mit niedriger Formalbildung stets signifikant höher als in den Gruppen mit hoher Formalbildung (vgl. Tabellen 4.4.2.2 und 4.4.2.3).

Zum Teil sehr deutliche Unterschiede sind auch zwischen Bewohnern kleiner Gemeinden und großer Städte beobachtbar (vgl. Tabelle 4.4.2.4). Die Zusammenhänge zwischen der Wohnortgröße und der Befürwortung der verschiedenen Maßnahmen sind fast durchgängig signifikant. Allerdings scheint der sozialräumliche Kontext im Westen einen tendenziell stärkeren Einfluß zu haben als im Osten, wie sich sowohl an der größeren Varianz etwa der Akzeptanz einer Isolierung Betroffener als auch den z. T. höheren Korrelationskoeffizienten ersehen läßt.

Tab. 4.4.2.1:   *"Zustimmung zu Zwangsmaßnahmen" nach Altersklassen*
                 (Angaben in Prozent)

1. Zeile: Ost 2. Zeile: West	Altersklassen					
"Zustimmung zu Zwangsmaß- nahmen"	18 b. u. 30	30 b. u. 40	40 b. u. 50	50 b. u. 60	ü. 60	Sig., O/W Cram. V N
Meldepflicht für Infizierte aus HRG	**66,1** 46,1	**73,1** 50,5	**80,6** 65,9	**79,8** 71,2	**78,7** 79,5	.000/.000 **.127**/.273 2120/2092
Meldepflicht für alle Infizierten	**60,0** 40,7	**71,7** 44,2	**74,6** 52,7	**76,6** 64,1	**76,2** 68,6	.000/.000 **.141**/.229 2117/2092
Grenzkon- trollen u. Ein- reiseverbote	**27,5** 32,1	**38,7** 39,3	**43,8** 54,2	**46,6** 64,2	**56,5** 63,3	.000/.000 **.204**/.279 2113/2095
Zwangstest nur für HRG	**49,2** 42,5	**55,8** 45,2	**60,3** 58,7	**59,8** 69,4	**70,3** 73,8	.000/.000 **.149**/.262 2116/2096
Zwangstest für alle	**26,2** 16,1	**21,3** 13,4	**22,4** 17,5	**24,0** 18,5	**16,9** 20,2	.010/.082 **.079**/.063 2114/2095
Trennung Kranker von Gesunden	**19,9** 15,6	**25,5** 18,9	**33,8** 31,4	**32,4** 43,0	**36,4** 46,5	.000/.000 **.126**/.226 2121/2100
Kennzeichnung aller Infizierten	**13,5** 9,3	**13,1** 9,3	**16,5** 17,7	**15,0** 22,1	**17,8** 22,5	.005/.000 **.071**/.147 2117/2100
Isolierung un- einsichtiger Infizierter	**63,4** 57,1	**68,3** 60,0	**72,9** 73,3	**69,2** 76,9	**73,2** 85,0	.000/.000 **.079**/.174 2118/2100
Verschärfung des Seuchenrechtes	**28,4** 35,9	**35,4** 36,9	**43,8** 49,7	**52,3** 57,6	**47,3** 62,3	.000/.000 **.132**/.167 2115/2100
Verbot der Prostitution	**39,6** 20,5	**35,3** 29,0	**40,6** 32,8	**55,8** 39,3	**55,0** 47,5	.000/.000 **.133**/.163 2120/2100
Bestrafung be- wußter Infektion	**80,1** 81,4	**82,6** 82,9	**82,4** 86,9	**88,2** 88,2	**80,1** 91,5	.011/.000 **.068**/.085 2121/2100

HRG = Hauptrisikogruppen

Tab. 4.4.2.2: "Zustimmung zu Zwangsmaßnahmen" nach Bildungsgrad/Ost
(Angaben in Prozent)

"Zustimmung zu Zwangsmaß-nahmen"	Bildungsgrad					
	Kein Abschl.	Volks-schule	Polytech. Obers.	EOS ohne Abitur	Abitur	Sig. Cram. V N
Meldepflicht für Infizierte aus HRG	79,1	80,8	75,6	46,3	67,5	.000 .134 2106
Meldepflicht für alle Infizierten	70,9	76,4	71,9	48,8	65,8	.000 .101 2103
Grenzkon-trollen u. Ein-reiseverbote	52,3	58,4	39,8	34,1	24,0	.000 .222 2099
Zwangstest nur für HRG	64,0	70,7	58,1	36,6	45,1	.000 2102 .174
Zwangstest für alle	22,1	21,7	22,1	9,8	23,9	.371 .045 2100
Trennung Kranker von Gesunden	29,1	40,8	27,3	17,1	19,6	.000 .158 2107
Kennzeichnung aller Infizierten	12,8	18,8	16,0	7,3	7,9	.000 .118 2103
Isolierung un-einsichtiger Infizierter	62,8	74,1	70,7	58,5	59,8	.000 .087 2104
Verschärfung des Seuchenrechtes	47,7	49,8	36,8	31,7	39,4	.000 .103 2101
Verbot der Prostitution	48,8	60,6	40,6	29,3	36,6	.000 .151 2107
Bestrafung be-wußter Infektion	84.9	84,5	81,5	63,4	84,5	.000 .0798 2107

HRG = Hauptrisikogruppen

Tab. 4.4.2.3: "Zustimmung zu Zwangsmaßnahmen" nach Bildungsgrad/West
(Angaben in Prozent)

"Zustimmung zu Zwangsmaß- nahmen"	Bildungsgrad				
	Kein Abschluß	Haupt- schule	Mitt. Reife	FHR/ Abitur	Sig. Cram. V N
Meldepflicht für Infizierte aus HRG	75,0	71,7	56,3	41,0	.000 .245 2052
Meldepflicht für alle Infizierten	61,3	62,9	49,6	36,1	.000 .204 2052
Grenzkon- trollen u. Ein- reiseverbote	60,0	59,4	43,1	24,1	.000 .266 2055
Zwangstest nur für HRG	72,5	66,5	52,1	35,9	.000 .239 2056
Zwangstest für alle	18,8	20,2	16,0	8,4	.000 .114 2055
Trennung Kranker von Gesunden	37,5	36,9	27,3	14,4	.000 .178 2060
Kennzeichnung aller Infizierten	13,8	20,6	13,8	5,3	.000 .151 2060
Isolierung un- einsichtiger Infizierter	70,0	78,4	68,0	50,0	.000 .166 2060
Verschärfung des Seuchenrechtes	53,8	56,0	41,7	32,2	.000 .139 2060
Verbot der Prostitution	50,0	41,3	28,4	13,9	.000 .177 2060
Bestrafung be- wußter Infektion	85,0	88,2	85,3	81,7	.082 .052 2060

HRG = Hauptrisikogruppen

Tab. 4.4.2.4: *"Zustimmung zu Zwangsmaßnahmen" nach Wohnortgrößenklassen (Angaben in Prozent)*

1. Zeile: Ost 2. Zeile: West	Wohnortgrößenklassen in Tausend				
"Zustimmung zu Zwangsmaß- nahmen"	u. 5	5 b. u. 50	50 b. u. 100	ü. 100	Sig., O/W Cram. V N
Meldepflicht für Infizierte aus HRG	**77,8** 72,0	**75,5** 66,6	**80,3** 57,4	**70,1** 54,2	**.004/.000** **.078**/.141 **2120/2106**
Meldepflicht für alle Infizierten	**75,0** 62,5	**72,0** 58,2	**74,5** 54,8	**65,6** 47,4	**.001/.000** **.085**/.115 **2117/2106**
Grenzkon- trollen u. Ein- reiseverbote	**44,8** 61,0	**44,6** 53,8	**41,9** 48,8	**36,7** 38,4	**.010/.000** **.073**/.168 **2113/2109**
Zwangstest nur für HRG	**64,0** 70,6	**59,4** 61,5	**72,1** 52,6	**49,8** 48,5	**.000/.000** **.135**/.159 **2116/2110**
Zwangstest für alle	**21,9** 18,5	**21,7** 16,6	**24,8** 22,1	**21,8** 15,6	.876/.138 **.018**/.051 **2114/2109**
Trennung Kranker von Gesunden	**32,6** 34,8	**30,3** 34,3	**36,8** 31,8	**22,2** 23,8	**.001/.000** **.087**/.091 **2121/2114**
Kennzeichnung aller Infizierten	**14,7** 17,8	**15,3** 17,3	**17,6** 17,5	**14,7** 12,8	**.007**/.107 **.073**/.049 **2117/2114**
Isolierung un- einsichtiger Infizierter	**75,4** 73,5	**70,2** 71,9	**66,9** 73,5	**61,7** 65,1	**.000/.000** **.099**/.079 **2118/2114**
Verschärfung des Seuchenrechtes	**41,5** 51,8	**41,8** 54,3	**49,3** 48,8	**35,8** 39,6	**.000/.000** **.096**/.096 **2115/2114**
Verbot der Prostitution	**46,5** 44,6	**45,3** 37,3	**46,3** 36,0	**41,5** 24,3	**.009/.000** **.063**/.121 **2120/2114**
Bestrafung be- wußter Infektion	**86,5** 90,6	**82,6** 85,5	**83,8** 91,5	**76,8** 83,3	**.000/.000** **.091**/.072 **2121/2114**

HRG = Hauptrisikogruppen

Wenn man die offizielle Politik der Bundesregierung und grundlegende politische wie ethische Werte berücksichtigt, dann kann man durchaus vermuten, daß Antworten auf Fragen, die die Anwendung von Zwangsmaßnahmen gegenüber bestimmten Gruppen zum Inhalt haben, auch einer Verzerrung durch soziale Wünschbarkeit ausgesetzt sind. Um die Bedeutung dieses Effektes einschätzen zu können, wird in der empirischen Sozialforschung häufig nicht nur nach der individuellen Meinung hinsichtlich eines bestimmten Problems, sondern nach der von den Befragten perzipierten Mehrheitsmeinung gefragt. Diese Vorgehensweise bietet den Befragten die Möglichkeit, ihren eigenen Standpunkt mit dem einer vorgestellten Mehrheit zu kontrastieren und so gegebenenfalls auch gleichsam subjektiv zu anonymisieren. Natürlich kann das beobachtete Antwortverhalten aber auch die bewußte Abhebung der eigenen liberalen Einstellung von der als illiberal perzipierten Mehrheitsmeinung widerspiegeln oder umgekehrt die eigene "harte" Haltung von der als liberal angesehenen Mehrheitshaltung abgrenzen. Diese Mehrdeutigkeit der Ergebnisse zur Differenz zwischen der eigenen Meinung und der vermuteten Mehrheitsmeinung läßt Differenzierungen in den kausalen Schlußfolgerungen zu, erschwert aber auch die Interpretation der Daten im Hinblick auf diese oben angeführte Relation. Somit erlauben die relationalen Betrachtungen keine eindeutigen Schlußfolgerungen, gleichwohl lassen sich aber Tendenzen aufzeigen, wenn man diese Daten mit anderen Ergebnissen der vorliegenden Erhebung in Beziehung setzt.

Bevor darauf aber näher eingegangen wird, werden die Ergebnisse zunächst auf der univariaten Ebene kommentiert. Hier zeigen sich klare Unterschiede in den Verteilungen der Antworten im Westen und im Osten. Während bei aggregierter Betrachtung in den alten Bundesländern bei nahezu allen vorgestellten Zwangsmaßnahmen der Bevölkerungsmehrheit ein im Vergleich zur berichteten Einstellung der Befragten repressiveres Potential unterstellt, lassen sich im Osten fast durchgängig keine nennenswerten Unterschiede in den Verteilungen zur individuellen Akzeptanz staatlicher Zwangsmaßnahmen und den der Bevölkerungsmehrheit zugeschriebenen Positionen feststellen. Dieser Befund stützt die schon formulierte These, wonach bei den Befragten in den neuen Bundesländern staatliche Regelungen vielfach nicht so sehr als Zwang oder Eingriff, sondern als Entlastung angesehen werden und insbesondere solche administrativen Aktivitäten befürwortet werden, die sich als Fürsorge- oder Schutzmaßnahmen interpretieren lassen.

Und wie glauben Sie, wird die Mehrheit der Bevölkerung darüber denken? Stimmt Ihrer Meinung nach die Mehrheit der Bevölkerung diesen Maßnahmen zu oder lehnt sie diese ab.

1. Zeile Ost, 2. Zeile West	Mehrheit stimmt zu	Mehrheit lehnt ab	N
Meldepflicht für Angehörige der Haupt-	77,0%	23,0%	2108
risikogruppen, die sich angesteckt haben	74,4%	25,6%	2094
Generelle namentliche Meldepflicht aller	73,0%	27,0%	2104
Infizierten	68,9%	31,1%	2095
Grenzkontrollen und Einreiseverbot für	50,2%	49,8%	2102
AIDS-Infizierte	62,2%	37,8%	2091
Zwangstest nur für Hauptrisikogruppen	69.0%	31,0%	2102
	75,6%	24,4%	2091
Zwangstest für alle	16,8%	83,2%	2103
	21,4%	78,6%	2094

Und was glauben Sie, wie die Mehrheit der Bevölkerung darüber denkt? Würde die Bevölkerung diese Maßnahmen Ihrer Meinung nach mehrheitlich befürworten oder würde sie diese mehrheitlich ablehnen?

1.Zeile Ost, 2. Zeile West	würde mehrheit- lich be- fürwortet	würde mehrheit- lich abge- lehnt	weiß ich nicht	N
Trennung der AIDS-Kranken	38,2%	42,9%	19,0%	2112
von den Gesunden	51,8%	32,9%	15,4%	2112
Kennzeichnung aller AIDS-	21,8%	60,0%	18,2%	2112
Infizierten	32,6%	50,0%	17,4%	2112
Isolierung uneinsichtiger	67,6%	15,9%	16,6%	2111
AIDS-Infizierter	76,9%	12,0%	11,1%	2112
Verschärfung des Seuchen-	44,5%	20,9%	34,6%	2106
rechts	60,2%	20,6%	19,2%	2112
Schließung von Bordellen	33,4%	40,7%	25,9%	2104
und Verbot der Prostitution	36,2%	43,3%	20,5%	2112
Bestrafung von Personen, die andere wissentlich mit AIDS angesteckt haben	76,9%	9,9%	13,2%	2112
	85,4%	7,4%	7,2%	2112

Eine multivariate Analyse des Problems der Interpretation einer Differenz zwischen eigener Meinung und perzipierter Mehrheitsmeinung deckt weitere Unterschiede zwischen den Befragten in der alten Bundesrepublik und der ehemaligen DDR auf. Wir haben exemplarisch die Frage nach der Akzeptanz eines Zwangstests für Angehörige sog. Hauptrisikogruppen zur Konstruktion einer Typologie verwendet, mit der dann für jeden der beiden Datensätze eine Korrespondenzanalyse gerechnet wurde.[5] Zunächst wurden die Antworten auf die Fragen nach dem persönlichen Standpunkt zur Einführung eines Zwangstests für Angehörige von "Hauptrisikogruppen" korreliert mit dem perzipierten Mehrheitsstandpunkt zu dieser Frage (vgl. Tabelle 4.4.2.5, da die Frage nach einer kausalen Beziehung hier nicht eindeutig zu beantworten ist, werden die Absolutwerte ausgewiesen). Aus dieser resultierenden 4-Felder-Tabelle wurde dann eine Typologie mit vier Ausprägungen konstruiert.

Tab. 4.4.2.5   *Perzipierte Mehrheitsmeinung zur Einführung eines Zwangstests für "Hauptrisikogruppen" (HRG) und eigene Meinung zur Einführung eines Zwangstests für HRG (Angaben in absoluten Zahlen)*

1. Zeile: Ost 2. Zeile: West	Zwangstest für HRG: eigene Meinung		
Zwangstest für HRG: Mehrheitsmeinung	Zustimmung	Ablehnung	Zeilen-N
Zustimmung	**1112** 1065	**339** 512	**1239** 1193
Ablehnung	**127** 128	**522** 383	**861** 895
Spalten-N	**1451** 1577	**649** 511	
Ost: West:	**Sig.** = .000, **Cramer's V** = .536, **N** = 2100 Sig. = .000, Cramer's V = .369, N = 2088		

Unterscheiden lassen sich Befragte, die selbst die Einführung eines Zwangstests begrüßen und dies in dem einen Fall auch der Mehrheit unterstellen (Typ 1) und im anderen Fall vermuten, daß dies mehrheitlich abgelehnt wird (Typ 2). Daneben gibt es Befragte, die Zwangstests für Angehörige von "Hauptrisikogruppen" ablehnen, aber vermuten, daß die Bevölkerungsmehrheit

---

5 Zur Methodik der Korrespondenzanalyse - einem in der deutschen Soziologie noch relativ selten verwendeten multivariaten Analyseverfahren - vgl. Blasius 1988; Greenacre 1984. Weitere Anwendungsbeispiele finden sich bei Eirmbter, Hahn und Jacob 1993 und bei Jacob 1995.

diese akzeptiert (Typ 3), und schließlich solche, die die Einführung von obligatorischen Tests ablehnen und glauben, daß dies auch die Mehrheitsmeinung ist (Typ 4). Daraus resultiert für die Korrespondenzanalysen eine Typologie mit folgender Verteilung (vgl. Tabelle 4.4.2.6).

Tab. 4.4.2.6   *Typologie: Positionen zur Einführung eines Zwangstests für "Hauptrisikogruppen" (HRG) (Angaben in Prozent)*

Typ	Ost	West
Typ 1: Befürwortung eines Zwangstests bei vermuteter mehrheitlicher Zustimmung	**53,0**	51,0
Typ 2: Befürwortung eines Zwangstests bei vermuteter mehrheitlicher Ablehnung	**6,0**	6,1
Typ 3: Ablehnung eines Zwangstests bei vermuteter mehrheitlicher Zustimmung	**16,1**	24,5
Typ 4: Ablehnung eines Zwangstests bei vermuteter mehrheitlicher Ablehnung	**24,9**	18,3
N	**2100**	2088

In den Korrespondenzanalysen wurde diese Typologie als zu beschreibende Variable analysiert. Zu einer genaueren Charakterisierung dieser Positionen wurden verwendet: die Interpretation von AIDS als allgegenwärtige Gefahr, die Bereitschaft zu Schuldzuschreibungen und Ausgrenzungstendenzen. Diese Konstrukte wurden für die Analyse zu je drei Kategorien zusammengefaßt ("stimme zu", "teils-teils", "lehne ab"). Außerdem wurden die sozialstrukturellen Merkmale Alter, formaler Bildungsstand und Wohnortgröße in die Analyse einbezogen. Die Korrespondenzanalysen hatten die folgenden Ergebnisse, die zunächst tabellarisch und grafisch präsentiert und dann kommentiert werden (vgl. Tabellen 4.4.2.7 bis 4.4.2.10, wo auch die in den Grafiken verwendeten Abkürzungen ausgewiesen werden, sowie die Abbildungen 4.4.2.1 und 4.4.2.2). Theoretisch ist bei vier Ausprägungen der zu beschreibenden Variablen eine dreidimensionale Lösung möglich. Diese Lösung wurde aber für beide Datensätze nicht realisiert, vielmehr zeichnet sich für die Befragung Ost und noch deutlicher für die Befragung West eine eindimensionle Lösung ab. Im ersten Fall erklärt die erste Achse 87,95 % der Modellvarianz, im zweiten Fall 95,13 %. Deshalb wird in der Numerik nur die erste Achse berücksichtigt.

Tab. 4.4.2.7   *Korrespondenzanalyse* **Ost***: Zu beschreibende Variable.*
Numerik der **ersten** *Achse*

Merkmals-ausprägung	Abkürzung	Masse	Loc1	Sqcor1	Inertia1
Typ 1	t1	530	0,186	987	382
Typ 2	t2	60	0,125	347	20
Typ 3	t3	162	-0,327	886	361
Typ 4	t4	248	-0,214	829	237

Tab. 4.4.2.8   *Korrespondenzanalyse* **Ost***: Beschreibende Variable. Numerik*
der **ersten** *Achse*

Merkmals-ausprägung	Abkürzung	Masse	Loc1	Sqcor1	Inertia1
AIDS als Gefahr					
Zustimm.	g1	14	0,318	960	30
teils-teils	g2	58	-0,074	290	7
Ablehn.	g3	94	-0,003	3	0
Schuld					
Zustimm.	s1	65	0,417	991	238
teils-teils	s2	70	-0,141	740	29
Ablehn.	s3	32	-0,557	954	205
Ausgrenzung					
Zustimm.	a1	34	0,395	944	112
teils-teils	a2	70	0,061	921	5
Ablehn.	a3	62	-0,289	978	108
Alter					
18 b.u.30	18	38	-0,198	935	31
30 b.u.40	30	40	-0,082	279	6
40 b.u.50	40	27	0,044	224	1
50 b.u.60	50	25	0,012	13	0
60 u.ä.	60	38	0,247	917	48

Tab. 4.4.2.8   *Korrespondenzanalyse* **Ost:** *Beschreibende Variable. Numerik der* **ersten** *Achse, Fortsetzung*

Merkmals-ausprägung	Abkürzung	Masse	Loc1	Sqcor1	Inertia1
Bildung					
kein Ab.	kA	7	0,070	166	1
Volkss.	Vs	40	0,250	944	52
PTO	Pt	92	-0,017	309	1
EOS	Eo	3	-0,385	393	10
Abitur	Ab	25	-0,292	841	44
Wohnortgröße in Tausend					
u. 5	Do	56	0,108	812	14
5 b.u.50	Ks	52	0,010	380	0
50b.u.100	Ms	11	0,298	611	20
100 u.m.	Gs	49	-0,196	962	40

Tab. 4.4.2.9   *Korrespondenzanalyse* **West:** *Zu beschreibende Variable. Numerik der* **ersten** *Achse*

Merkmals-ausprägung	Abkürzung	Masse	Loc1	Sqcor1	Inertia1
Typ 1	t1	511	0,257	993	374
Typ 2	t2	62	0,191	565	25
Typ 3	t3	245	-0,439	987	524
Typ 4	t4	183	-0,194	775	77

Merkmals-ausprägung	Abkürzung	Masse	Loc1	Sqcor1	Inertia1
AIDS als Gefahr					
Zustimm.	g1	17	0,372	947	27
teils-teils	g2	48	0,204	932	27
Ablehn.	g3	102	-0,161	996	29
Schuld					
Zustimm.	s1	84	0,360	999	121
teils-teils	s2	59	-0,164	999	17
Ablehn.	s3	24	-0,860	998	201
Ausgrenzung					
Zustimm.	a1	39	0,519	989	116
teils-teils	a2	51	0,184	923	19
Ablehn.	a3	77	-0,390	978	130
Alter					
18 b.u.30	18	42	-0,323	950	49
30 b.u.40	30	34	-0,230	934	20
40 b.u.50	40	27	0,029	334	0
50 b.u.60	50	26	0,248	821	17
60 u.ä.	60	38	0,366	932	57
Bildung					
kein Ab.	kA	6	0,299	816	6
Haupts.	Hs	85	0,212	906	43
Mitt. Reife	Mr	44	-0,104	619	5
FHR/Abi.	FA	28	-0,488	883	75
Wohnortgröße in Tausend					
u. 5	Do	9	0,255	438	6
5 b.u.50	Ks	79	0,132	946	15
50b.u.100	Ms	17	-0,102	687	2
100 u.m.	Gs	64	-0,174	987	22

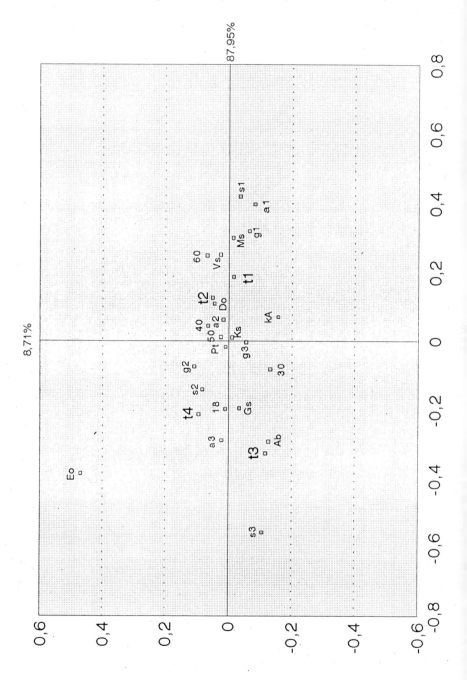

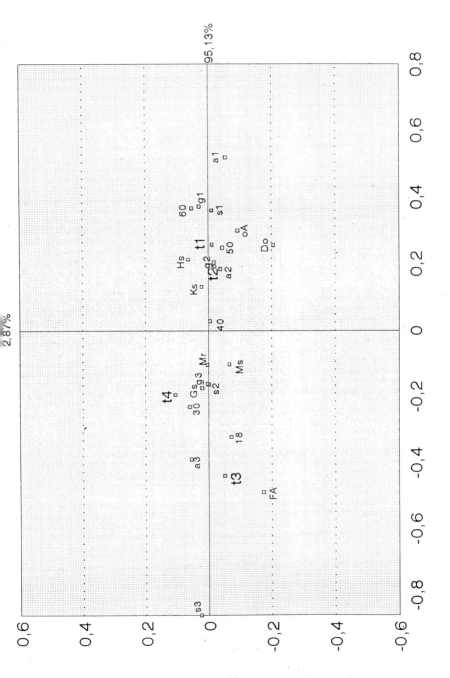

Die Korrespondenzanalyse für den Ostdatensatz und noch deutlicher für den Westdatensatz zeigt ein klares Bild mit zwei oppositären Gruppen: Auf der einen Seite finden sich Personen, die die Einführung eines Zwangstests für sog. Hauptrisikogruppen befürworten, zugleich wird hier häufig die Krankheit auch als Gefahr eingeschätzt. Die Neigung zu Schuldzuschreibungen und die Bereitschaft, Betroffene zu meiden und auszugrenzen, sind in dieser Gruppierung überdurchschnittlich hoch. Sozialstrukturell dominieren hier ältere Befragte (über 50 Jahre) mit niedriger Formalbildung und einem ländlich oder kleinstädtisch strukturierten sozialräumlichen Umfeld.

Demgegenüber finden sich in dem zweiten Cluster sowohl diejenigen, die einen Zwangstest ablehnen und diese Meinung auch der Bevölkerungsmehrheit unterstellen, als auch solche, die für sich abweichend von einer antizipierten Mehrheitsmeinung die liberalere Position wählen. Beide Gruppen schätzen AIDS nicht als Gefahr sondern eher als Risiko ein und stehen Schuldzuschreibungen und Ausgrenzungstendenzen eher ablehnend gegenüber. Überdurchschnittlich viele Personen dieses Clusters sind unter 40, formal besser gebildet und leben in größeren Städten.

Es scheint demnach hier also eher so zu sein, daß diejenigen, die individuell eine liberale Position vertreten, ihre wirkliche Meinung nicht hinter einem vorgestellten Mehrheitsstandpunkt verstecken, sondern in der Tat der Anwendung von Zwang zur Bekämpfung von AIDS reserviert gegenüberstehen und ihre liberaleren Positionen auch gegen perzipierte Mehrheitsmeinungen vertreten.

Die Ergebnisse dieser Analyse zeigen damit, daß es in beiden Landesteilen im Zusammenhang mit AIDS in der Bevölkerung offenbar kaum Vorbehalte gibt, zur Bekämpfung der Krankheit repressive Maßnahmen zu befürworten und diese Meinung auch zu äußern. Hier scheint ein gesellschaftlicher Wertkonsens perzipiert zu werden, der diesen Standpunkt gewissermaßen als "gesellschaftsfähig" erscheinen läßt. Dabei dürfte auch das oben schon geschilderte Problem eine Rolle spielen, daß Zwangsmaßnahmen, die nur an bestimmte Gruppen gerichtet sind, vielfach gar nicht mehr als solche angesehen werden.

Zusammenfassend läßt sich betonen, daß das Potential für repressive staatliche Maßnahmen insbesondere dann hoch ist, wenn nur andere davon betroffen sind, wobei diese Akzeptanz staatlicher Zwangsmaßnahmen in den neuen Bundesländern noch höher ist als in den alten. AIDS wird offenkundig als Symbol für Fremdheit interpretiert. Eine besondere Behandlung der solcherart stigmatisierten Fremden stößt dabei auf umso geringere Widerstände, wie Fremdheit, Schuld und Gefährlichkeit sich zu einer

festen Assoziation verbinden, und diese Assoziation findet sich signifikant häufiger bei älteren Personen und Personen mit niedrigerem Bildungsstatus.

Bei der Akzeptanz repressiver staatlicher Maßnahmen fällt zudem auf, daß Maßnahmen, die nur an bestimmte Minderheiten gerichtet sind, subjektiv vielfach überhaupt nicht als Zwang, sondern als unausweichliche Notwendigkeiten interpretiert werden - analog etwa der zeitweiligen Unterbringung von Straffälligen in Justizvollzugsanstalten oder der Internierung von psychisch Kranken in geschlossenen Einrichtungen.

Zudem zeigt sich, daß staatliche Zwangsmaßnahmen umso eher auf Zustimmung stoßen, je älter die Betreffenden sind und je niedriger ihr Bildungsstatus ist.

4.4.3 Solidarität mit Betroffenen

Ob neben dem in beiden Teilen Deutschlands vergleichsweise stark ausgeprägten Potential für Stigmatisierung, Schuldzuweisung, Ausgrenzung und Kontaktmeidung auch eine Bereitschaft zu solidarischem Verhalten den Betroffenen gegenüber zu beobachten ist, ist für die Einschätzung des gesellschaftlichen Klimas und gesellschaftlicher Folgen im Zusammenhang mit AIDS sowie für die Beurteilung der Chancen und Notwendigkeiten präventiver und aufklärerischer Maßnahmen ebenfalls eine wichtige Frage.

Eine grundsätzliche Bereitschaft zur Solidarität mit Kranken und Infizierten sollte mit den folgenden Items aus den Fragen 10 und 20 gemessen werden.

Statement (NOst, NWest) 1. Zeile: Ost 2. Zeile: West	stimme sehr zu	stimme eher zu	teils-teils	lehne eher ab	lehne sehr ab
AIDS geht uns alle an, nicht nur bestimmte Randgruppen (2119, 2115)	*44,9%* *46,1%*	*28,9%* *30,4%*	*17,8%* *14,0%*	*6,9%* *6,7%*	*1,4%* *2,7%*
AIDS ist ein Problem, das wir gemeinsam lösen müssen und das Opfer von uns allen fordert (2120, 2115)	*27,7%* *32,7%*	*34,6%* *35,5%*	*24,7%* *21,8%*	*10,0%* *7,5%*	*3,1%* *2,5%*

Summiert man diese Items, wie im Kapitel Datenmodifikation beschrieben, ergibt sich folgende Verteilung. Über 60% der Befragten in Ost- und Westdeutschland sind der Meinung, daß AIDS uns alle angeht und auch Opfer von allen fordert. Dagegen betrachten rund 9% AIDS als Randgruppenproblem und sehen keine Veranlassung zu solidarischem Verhalten, während sich ungefähr ein Viertel aller Befragten indifferent äußert (vgl. Abbildung 4.4.3.1).

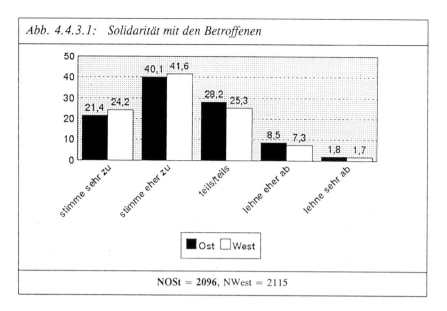

Abb. 4.4.3.1: Solidarität mit den Betroffenen

NOSt = 2096, NWest = 2115

Diese Verteilung ist auf den ersten Blick erfreulich und korrespondiert mit einem Befund einer Studie der Bundeszentrale für gesundheitliche Aufklärung, wonach 67% der befragten Personen angaben, daß sie bei der Betreuung Erkrankter auch persönlich helfen würden.[1] Zudem sind lediglich knapp 15% im Westen und nur knapp 7% im Osten der Meinung, daß die Kosten für eine Betreuung der AIDS-Kranken in erster Linie von diesen selbst aufgebracht werden sollten.

AIDS-Kranke brauchen Betreuung, und das kostet Geld. Wer sollte das Ihrer Meinung nach in erster Linie bezahlen:

	Ost	West
die Kranken selbst	*6,7%*	*14,7%*
die Krankenkassen	*40,3%*	*47,5%*
der Staat	*39,0%*	*25,7%*
weiß nicht	*13,9%*	*12,1%*

NOst = 1972, NWest = 2108

---

1 vgl. Bundeszentrale für gesundheitliche Aufklärung (Hrsg.) 1989, S. 68; Referenzpopulation ist hier allerdings nur die Bevölkerung der alten Bundesländer.

Vor dem Hintergrund der in den vorherigen Kapiteln dargestellten Verbreitung von Ansteckungsängsten, Schuldzuschreibungen und Ausgrenzungsbereitschaften scheint die Höhe dieser grundsätzlichen Bereitschaft aber überprüfungsbedürftig und zu einem nicht unerheblichen Teil von Meßartefakten beeinflußt zu sein, zumal sich hier Bejahungstendenzen und Neigungen zu sozial wünschbarem Antwortverhalten leicht in ihrer Wirkung addieren können.

In der Tat wird der Anteil derjenigen, die sich zu solidarischem Verhalten mit Betroffenen bekennen, deutlich niedriger, wenn direkt nach der Bereitschaft zu materiellen Opfern gefragt wird: Nur noch 38,6% im Westen und 27,5% im Osten würden etwa die Einführung einer allgemeinen AIDS-Sonderabgabe, die alle belastet, begrüßen. Dagegen ist insbesondere im Osten die Neigung relativ ausgeprägt, entsprechende Aufgaben an den Staat zu delegieren - solange der einzelne davon nicht unmittelbar betroffen ist. Dies läßt sich etwa daran ersehen, daß dort 39% der Meinung sind, der Staat solle für Betreuungskosten aufkommen. Es scheint hier vor dem Hintergrund jahrzehntelanger Erfahrungen mit staatlichen Regelungen auch im individuellen Bereich, aber auch durch Transfers aus dem Westen, die Vorstellung einer weitgehenden Zuständigkeit staatlicher Institutionen zu geben, die von individueller Gestaltung und Verantwortung entlastet und damit auch Sicherheit produziert.

Dabei wird aber offenbar vielfach nicht mitbedacht, daß die Ausweitung der Leistungen von Institutionen wie dem Staat (oder auch den Krankenkassen) letztlich von deren Mitgliedern zu finanzieren ist, was früher oder später unweigerlich zur Erhöhung von Steuern und Abgaben oder zu Einsparungen an anderer Stelle führt.

Angenommen, die Regierung führt eine allgemeine AIDS-Sonderabgabe ein, die jeder zahlen muß. Würden Sie dies befürworten?

	Ost	*West*
ja	*27,5%*	*38,6%*
nein	*72,5%*	*61,4%*

NOst = 1975, NWest = 2101

Berücksichtigt man die Überlegungen zum Einfluß sozial wünschenswerten Antwortverhaltens und diese letzten Zahlen, dann liegt der Schluß nahe, daß das faktische Potential für Hilfe und Solidarität mit Betroffenen deutlich niedriger liegt als bei 60% der Befragten.

Natürlich ist gerade die Bereitschaft zu materiellen Opfern auch eine Funktion des individuellen Einkommens. Jemandem mangelnde Solidarität zu unterstellen, der in realistischer Einschätzung seiner finanziellen Möglichkeiten zusätzlichen Belastungen zurückhaltend gegenübersteht, kann deshalb wenig sachgerecht sein. Dies gilt insbesondere für die Bürger der neuen Bundesländer.

In der Tat zeigen sich bei einer Differenzierung nach dem Bildungsstatus, der als Indikator auch für Einkommensunterschiede verwendet werden kann,[2] bei allen Fragen nach der Bereitschaft zu verstärktem finanziellen Engagement signifikante Unterschiede zwischen den einzelnen Kategorien: mit sinkendem sozialem Status und der damit verbundenen schlechteren ökonomischen Lage sinkt auch der Anteil derjenigen, die zusätzliche Abgaben oder höhere Krankenkassenbeiträge befürworten würden.

Zusammenfassend läßt sich hier festhalten, daß das Potential für Solidarität mit Betroffenen in beiden Landesteilen eher niedrig ausgeprägt ist.

---

2 vgl. dazu Geißler 1992, S. 212 f.

4.4.4 Reale Gefährdung

In dem Teil des Fragebogens, in dem die sensitiven Fragen durch Selbstausfüllung verdeckt beantwortet werden konnten, wurden die Befragten gebeten, Angaben zur Zahl ihrer Sexualpartner in den letzten 12 Monaten zu machen. Dabei wurde mittels einer vorgeschalteten Filterfrage sichergestellt, daß mit dieser Frage nur solche Personen konfrontiert wurden, die im fraglichen Zeitraum auch tatsächlich sexuell aktiv wahren.

Die Menschen sind ja in ihren sexuellen Gewohnheiten sehr verschieden. Manche sind aktiver, manche sind weniger aktiv, und jeder hat in seinem Leben auch Zeiten, in denen in sexueller Hinsicht gar nichts passiert. Wie ist das bei Ihnen: Sind Sie in den letzten 12 Monaten mit jemandem intim gewesen?

	Ost	*West*
ja	*78,3%*	*77,8%*
nein	*21,7%*	*22,2%*

NOst=2008, NWest= 1986

Innerhalb eines Jahres kann es ja durchaus möglich sein, daß man mehrere Partner hat, und viele Menschen haben gelegentlich auch einmal eine Zufallsbekanntschaft, mit der sie intim werden. Hatten Sie in den letzten 12 Monaten mehr als einen Partner, mit dem Sie intim waren, ich meine, mit dem Sie Geschlechtsverkehr hatten?

	Ost	*West*
ja	*15,4%*	*19,7%*
nein	*84,6%*	*80,3%*

NOst=1573, NWest = 1525

In den neuen Ländern wurde ergänzend auch danach gefragt, ob Personen mit mehr als einem Sexualpartner auch schon einmal mit einer Zufallsbekanntschaft Geschlechtsverkehr hatten, ob sie dabei an das Risiko einer AIDS-Ansteckung gedacht haben und entsprechende Vorsichtsmaßnahmen getroffen haben. Diese Gruppe mit einem erhöhten Ansteckungsrisiko ist unter präventiven Gesichtspunkten natürlich von besonderem Interesse und wird im Anschluß an den Ost-West-Vergleich noch genauer charakterisiert.

Ist es Ihnen schon mal - ich meine in den letzten 12 Monaten - passiert, daß Sie mit einer Zufallsbekanntschaft einfach so geschlafen haben, weil Sie Lust daraufhatten?

ja	**51,5%**
nein	**48,5%**

NOst = 239

Haben Sie an die Gefahr einer AIDS-Ansteckung gedacht und sich geschützt?

ja, habe darüber nachgedacht, aber dann doch keine Schutzmaßnahmen getroffen	**25,1%**
ja, habe daran gedacht und Schutzmaßnahmen getroffen	**57,4%**
nein, habe über AIDS noch nicht nachgedacht	**17,4%**

NOst =235

Haben Sie ein Kondom verwendet?

ja	**62,7%**
nein	**37,3%**

NOst = 236

Wenn Sie wieder Beziehungen mit eher unbekannten Partnern eingehen, würden Sie immer ein Kondom verwenden oder manchmal auch nicht?

ja, würde immer ein Kondom verwenden	**57,1%**
ja, aber manchmal vielleicht nicht	**36,1%**
nein	**6,7%**

NOst = 238

Wenn man berücksichtigt, daß Fragen nach der Verwendung von Kondomen im Zusammenhang mit AIDS einem "social desirability response set" ausgesetzt sind, dann dürfte die Quote derjenigen, die ein Kondom verwendet haben oder künftig benutzen werden, niedriger liegen als bei knapp 60%. Aber selbst eine Quote von knapp 60% ist unter präventiven Gesichtspunkten äußerst problematisch.

Ursache für die Nicht-Verwendung von Kondomen könnte - neben situationsspezifischen Gründen oder der prinzipiellen Ablehnung von Präservativen - auch darin liegen, daß man überhaupt keine Veranlassung sieht, sich zu schützen. Tatsächlich kann man beobachten, daß 15,6% der Befragungspersonen im Westen und 11,2% im Osten mit wechselnden Sexualpartnern glauben, daß AIDS-Infizierte andere nicht anstecken können (vgl. Tab. 4.4.4.1).

Tab. 4.4.4.1:   *"Ansteckungsgefahr durch AIDS-Infizierte" nach Zahl der Sexualpartner im letzten Jahr (Angaben in Prozent)*

1. Zeile: Ost 2. Zeile: West	Mehrere-Partner	
"Ansteckung durch Infizierte möglich"	ja	nein
ja	**58,7** 69,8	**59,9** 73,1
nein	**11,2** 15,6	**9,6** 11,8
weiß nicht	**30,2** 14,6	**30,5** 15,0
total	100,0	100,0
Ost: West:	**N = 1571** **N = 1525**	

Auch wenn diese Prozentsatzdifferenzen als nicht signifikant ausgewiesen wurden, so ist dieses Ergebnis dennoch von Bedeutung, da eigentlich erwartet werden müßte, daß Personen mit mehr als einem Sexualpartner in den letzten zwölf Monaten über Ansteckungsfragen besser informiert sind als andere, für die das AIDS-Problem wegen der Konstanz des Sexualpartners weniger praktische Bedeutung hat.[1]

---

1 Hier erweist sich ein statistisch nicht signifikanter Unterschied als inhaltlich dennoch sehr bedeutsamer Befund, gerade weil eine Differenz erwartet werden sollte, die in den empirischen Befunden eben nicht auftaucht.

Die Antworten lassen befürchten, daß eine weitere Ausbreitung der Krankheit sehr wahrscheinlich ist, wenn nicht sowohl die Anstrengungen zur effizienten Aufklärung über real bestehende Ansteckungsrisiken, als auch die Propagierung geeigneter Schutzmaßnahmen und hier insbesondere des Kondomgebrauchs intensiviert werden. Dabei dürften Kampagnen, die auf der Kernaussage beruhen, daß Treue der beste Schutz vor AIDS sei, nicht optimal sein, da sie an der faktischen Lebenswirklichkeit vieler Menschen vorbeizielen. Die damit verbundene moralische Implikation unter Verzicht auf den als gleichwertige Alternative empfohlenen Kondomgebrauch läuft darüber hinaus Gefahr, sich bei bestimmten Gruppen sogar als dysfunktional zu erweisen.

Dies dürfte zum einen der Fall sein bei Personen, die wechselnde sexuelle Kontakte als Teil ihres Lebensstils ansehen, zum anderen bei sequentiell monogam lebenden Jugendlichen und jungen Erwachsenen, die sich hinsichtlich der Partnerwahl in einer Orientierungsphase befinden und bei denen ein Aufruf zur Monogamie, der ja implizit in solchen Forderungen nach sexueller Treue steckt, an der realen Lebenssituation und den subjektiven Situationsdefinitionen vorbeigeht. Denn viele Personen dieser Gruppen sind ihren Partnern treu - das Problem in diesem Zusammenhang liegt darin, daß die jeweiligen Partnerschaften unter Umständen recht kurz ausfallen und häufiger wechseln. In der Tat steigt der Prozentsatz derjenigen, die im vergangenen Jahr mit mehr als einer Person Geschlechtsverkehr hatten, nahezu linear, je jünger die Befragten sind und ist in der Altersklasse der 18- bis unter 30-Jährigen am höchsten (vgl. Tabelle 4.4.4.2).

Tab. 4.4.4.2:   *"Mehrere Sexualpartner im letzten Jahr" nach Altersklassen (Angaben in Prozent)*

1. Zeile: Ost 2. Zeile: West	Altersklassen				
Mehrere Sexualpartner im letzten Jahr	18 b.u.30	30 b.u. 40	40 b.u.50	50 b.u.60	ü. 60
ja	**28,6** 33,5	**14,2** 19,5	**12,0** 13,8	**6,0** 10,2	**7,4** 9,0
nein	**71,4** 66,5	**85,8** 80,5	**88,0** 86,5	**94,0** 89,5	**92,6** 91,0
total	100,0	100,0	100,0	100,0	100,0
Ost: West:	**Sig. = .000, Cramer's V = .231, N = 1573** Sig. = .000, Cramer's V = .238, N = 1522				

Anders als bei fast allen übrigen Aspekten dieser Untersuchung, spielt bei der Frage, ob jemand wechselnde sexuelle Kontakte eingeht, auch das Geschlecht eine Rolle. In beiden Landesteilen hatten signifikant mehr Männer als Frauen in den 12 Monaten vor der Befragung mehrere Sexualpartner (vgl. Tabelle 4.4.4.3). Das Alter der Betreffenden ist dabei irrelevant, denn in allen Altersklassen ist der Anteil der Männer mit wechselnden Partnern höher als der der Frauen.

Tab. 4.4.4.3:   *"Mehrere Sexualpartner im letzten Jahr" nach Geschlecht (Angaben in Prozent)*

1. Zeile: Ost 2. Zeile: West	Geschlecht	
Mehrere Partner	Männer	Frauen
ja	**18,2** 22,8	**12,6** 16,5
nein	**81,8** 77,2	**87,4** 83,5
total	100,0	100,0
Ost: Sig. = .000, Cramers's V = .077, N = 1573 **West:** Sig. = .000, Cramers's V = .078, N = 1526		

Ob Personen einem erhöhten Infektionsrisiko ausgesetzt sind, ist aber nicht allein eine Frage des konkreten Sexualverhaltens in den letzten 12 Monaten - womit weder etwas über die Zeit davor noch über künftiges Verhalten gesagt werden kann - sondern auch abhängig von grundlegenden Einstellungen zu Sexualität und sexueller Treue. Im Selbstausfüllbogen wurden solche Aspekte in Frage 4 angesprochen. 10,5% der Befragten in den alten und 14,1% in den neuen Bundesländern halten sexuelle Treue für weniger wichtig. 7,3% der Befragten in West- und 3,9% der Befragten in Ostdeutschland sind der Ansicht, daß auch trotz einer festen Partnerschaft sexuelle Kontakte mit Dritten nicht auszuschließen sind.

Statement (NOst, NWest) 1. Zeile: Ost 2. Zeile: West	stimme sehr zu	stimme eher zu	teils- teils	lehne eher ab	lehne sehr ab
In einer festen Part- nerschaft sollten an- dere sexuelle Kontakte tabu sein *(2011, 2051)*	**58,7%** 58,3%	**26,0%** 23,4%	**11,4%** 11,1%	**2,6%** 4,0%	**1,3%** 3,3%
Ich halte sexuelle Treue für nicht so wichtig *(1996, 2047)*	**6,4%** 4,1%	**7,7%** 6,4%	**12,2%** 9,4%	**29,2%** 22,6%	**44,5%** 57,6%
Sexualität sollte nur in einer festen Part- nerschaft in Frage kommen *(2017, 2055)*	**41,3%** 46,1%	**24,4%** 19,7%	**20,3%** 17,8%	**8,7%** 10,0%	**5,3%** 6,4%

Sieht man sich die Verteilung der aus diesen Items gebildeten Skala an, dann zeigt sich, daß 25% aller Befragten sexuelle Treue nicht grundsätzlich als wichtig ansehen (vgl. Abbildung 4.4.4.1).

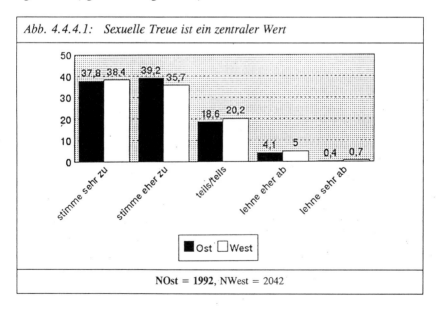

Abb. 4.4.4.1: Sexuelle Treue ist ein zentraler Wert

NOst = **1992**, NWest = 2042

Erwartungsgemäß korreliert diese Variable vergleichsweise hoch mit dem in Frage 6 des Selbstausfüllbogens berichteten Verhalten: Wesentlich mehr Personen, für die sexuelle Treue weniger wichtig ist, hatten in den letzten 12 Monaten mehr als einen Sexualpartner (vgl. Tabelle 4.4.4.4).

Hier läßt sich im übrigen wiederum beobachten, daß auch diejenigen, die wegen des für sie geringeren Stellenwertes von sexueller Treue einem tendenziell höheren Ansteckungsrisiko ausgesetzt sind, nicht besser darüber informiert sind, ob HIV-Infizierte andere anstecken können, wie sich Tabelle 4.4.4.5 entnehmen läßt.

Wie schon beim manifesten Verhalten läßt sich auch bei dieser Einstellung zur sexuellen Treue ein klarer Alterseffekt beobachten. Mit steigendem Alter steigt der Anteil derjenigen, die sexuelle Treue dezidiert als wichtig ansehen (vgl. Tabelle 4.4.4.6).

Ebenfalls lassen sich, wie auch schon bei der Frage nach wechselnden sexuellen Kontakten, signifikante Unterschiede zwischen den Geschlechtern feststellen. Mehr Frauen als Männer halten sexuelle Treue für einen zentralen Wert (vgl. Tabelle 4.4.4.7).

Tab. 4.4.4.4: *"Mehrere Sexualpartner im letzten Jahr" nach Einstellung zu sexueller Treue*

1. Zeile: Ost 2. Zeile: West	Sexuelle Treue ist ein zentraler Wert				
"Mehrere Partner im letzten Jahr"	stimme sehr zu	stimme eher zu	teils-teils	lehne eher ab	lehne sehr ab
ja	**2,6** 5,3	**11,7** 11,2	**32,9** 42,8	**59,4** 64,0	**100,0** 66,7
nein	**97,4** 94,7	**88,3** 88,8	**67,1** 57,2	**40,6** 36,0	- 33,3
total	100,0	100,0	100,0	100,0	100,0
Ost: West:	**Sig. = .000, Cramer's V = .427, N = 1549** Sig. = .000, Cramer's V = .469, N = 1515				

Tab. 4.4.4.5: *"Ansteckungsgefahr durch AIDS-Infizierte" nach Einstellung zu sexueller Treue (Angaben in Prozent)*

1. Zeile: Ost 2. Zeile: West	Sexuelle Treue ist ein zentraler Wert		
"Ansteckung möglich"	stimme zu	teils- teils	lehne ab
ja	**56,2** 68,8	**61,0** 68,3	**58,4** 77,6
nein	**8,8** 11,7	**10,6** 17,7	**9,0** 12,1
weiß nicht	**35,0** 19,5	**28,5** 14,0	**32,6** 10,3
total	100,0	100,0	100,0
Ost: West:	**Sig. = .198, Cramer's V = .039, N = 1987** Sig. = .000, Cramer's V = .070, N = 2037		

Tab. 4.4.4.6: *"Einstellung zu sexueller Treue" nach Altersklassen (Angaben in Prozent)*

1. Zeile: Ost 2. Zeile: West	Altersklassen				
"Sexuelle Treue ist ein zentraler Wert"	18 b.u.30	30 b.u.40	40 b.u.50	50 b.u.60	ü.60
stimme sehr zu	**26,0** 23,5	**29,3** 33,6	**38,2** 37,5	**88,1** 43,4	**52,3** 56,9
stimme eher zu	**40,8** 37,2	**42,3** 36,2	**38,5** 34,4	**38,6** 38,9	**34,9** 32,1
teils-teils	**24,5** 29,4	**24,1** 23,3	**20,3** 22,1	**10,5** 15,1	**10,6** 9,2
lehne eher ab	**7,2** 8,4	**4,4** 6,0	**3,1** 5,7	**2,7** 2,6	**2,3** 1,5
lehne sehr ab	**1,5** 1,6	- 1,0	- 0,3	- -	- 0,2
total	100,0	100,0	100,0	100,0	100,0
Ost: West:	**Sig. = .000, Gamma = -.279, N = 1992** Sig. = .000, Gamma = -.318, N = 2031				

Tab. 4.4.4.7:   *"Einstellung zu sexueller Treue" nach Geschlecht (Angaben in Prozent)*

1. Zeile: Ost 2. Zeile: West	Geschlecht	
"Sexuelle Treue ist ein zentraler Wert"	Männer	Frauen
stimme sehr zu	**34,8** 32,4	**40,7** 43,8
stimme eher zu	**37,8** 36,4	**40,5** 35,0
teils-teils	**22,7** 32,3	**14,6** 17,5
lehne eher ab	**4,1** 7,0	**4,1** 3,2
lehne sehr ab	**0,6** 0,9	**0,1** 0,5
total	100,0	100,0

Ost:
Sig. = .000, Cramers's V = .115, N = 1992
West:
Sig. = .000, Cramers's V = .144, N = 2042

Im gesamtdeutschen Vergleich lassen sich als Personengruppen mit objektiv erhöhtem Infektionsrisiko jüngere Befragte beschreiben, womit andere Befunde in diesem Kontext gestützt werden. Personen dieser Kategorien leben häufiger als andere nicht monogam und äußern auch häufiger die Einstellung, daß sexuelle Treue weniger wichtig ist. Neben dieser Einstellung, die auf einen bewußt gewählten Lebensstil hindeutet, dürfte hier eine zentrale Rolle spielen, daß sich Angehörige dieser Personengruppe vielfach in der Lebensphase der Partnersuche und Partnerfindung, also in einer Orientierungsphase befinden. Daneben messen ganz generell Männer im Vergleich zu Frauen sexueller Treue eine geringere Bedeutung bei. Im Interesse einer effektiven Primärprävention dürfte es hier sinnvoll sein, die Akzeptanz von Schutzmaßnahmen wie etwa dem Gebrauch von Kondomen zu erhöhen. Weniger hilfreich scheint es demgegenüber bei diesen Personengruppen zu sein, sexuelle Treue als gleichwertige oder sogar bessere Schutzmaßnahme anzubieten, da dies an deren Lebenswirklichkeit vorbeigeht.

Verwendung von Kondomen in den neuen Ländern

Wie schon dargestellt wurde in der Befragung Ost differenzierter als in der vorangegangenen Befragung in den alten Bundesländern auch nach Geschlechtsverkehr mit Zufallsbekanntschaften, der Verwendung von Kondomen in der Vergangenheit und deren künftigem Gebrauch gefragt (Fragen 5 bis 10 des Selbstausfüllbogens). Dies eröffnet die Möglichkeit, für den Ost-Datensatz eine Gruppe potentiell hochgefährdeter Personen zu isolieren und in ihrer sozialstrukturellen Zusammensetzung näher zu beschreiben. Im Hinblick auf eine zielgruppenspezifische Differenzierung der Prävention ergeben sich hieraus u. U. wichtige Erkenntnisse.

242 Befragte (15,4%) gaben an, mehr als einen Sexualpartner in den der Befragung vorangegangenen 12 Monaten gehabt zu haben. Auf die Frage danach, ob sie bei künftigen Kontakten mit eher unbekannten Partnern ein Kondom verwenden würden, antworteten 57,1%, daß sie dies stets tun würden, 36,1% waren hier unsicher, 6,7% verneinten dies dezidiert. Es erscheint in Anbetracht der mit der Benutzung von Kondomen verbundenen Probleme gerechtfertigt, die Gruppe derjenigen, die sich hier bereits in der Befragung unschlüssig äußerten und die entschiedenen Ablehner zu einer Kategorie zusammenzufassen, die ausweislich ihres berichteten Sexualverhaltens und der Einstellung zu Kondomen als überdurchschnittlich ansteckungsgefährdet eingestuft werden können. Dagegen läßt die Vergleichsgruppe derjenigen, die die Verwendung von Kondomen bejahen, zumindest den Willen zu präventivem Verhalten erkennen (auch diese berichtete Verhaltensintention ist natürlich kein sicherer Prädiktor für ein entsprechendes künftiges Verhalten).

Um Zielgruppen abgrenzen und besser charakterisieren zu können, werden diese beiden Gruppen im folgenden hinsichtlich einer Reihe weiterer Einstellungen und soziodemographischer Merkmale beschrieben. Zunächst zur univariaten Verteilung: Von 2132 Befragten hatten 242 Befragte mehrere Sexualpartner, von diesen beantworteten 238 Personen auch die Frage nach dem künftigen Kondomgebrauch. 136 Probanden gaben an, künftig immer ein Kondom verwenden zu wollen, 102 waren hier unsicher oder verneinten diese Frage explizit (vgl. Tabelle 4.4.4.8).

Eine Kontrastierung dieser beiden Gruppen hinsichtlich ausgewählter Indikatoren zu bestimmten Meinungen und sozialstruktureller Merkmale ergibt folgendes Bild (vgl. Tabelle 4.4.4.9).

Tab. 4.4.4.8   *Verwendung von Kondomen bei eher unbekannten Partnern/Ost*

Verwendung von Kondomen	N	Gesamt-Prozent	Gruppen-Prozent
ja, immer	136	6,4	57,1
nicht immer oder nie	102	4,8	42,9
Wegen Lebenssituation nicht Befragte	1894	88,8	Missing
Gesamt	2132	100,0	100,0

Tab. 4.4.4.9   *Verwendung von Kondomen bei eher unbekannten Partnern, Verteilung ausgewählter Meinungen und sozialstrukturelle Zusammensetzung, Ost-Befragung (Angaben in Prozent)*

	Verwendung von Kondomen	
	immer	manchmal/nie
"Sexuelle Treue ist ein zentraler Wert:"		
stimme zu	47,0	24,0
teils-teils/lehne ab	53,0	76,0
"Gefahren von AIDS sind mir bewußt aber weil ich auch Spaß will, nehme ich Risiken in Kauf:"		
stimme zu	12,6	23,5
teils-teils	21,5	29,4
lehne ab	65,9	47,1
"Über AIDS denke ich kaum nach, ich will das Leben genießen:"		
stimme zu	11,2	23,5
teils-teils	26,1	31,4
lehne ab	62,7	45,1
"Ansteckung durch Infizierte ist möglich:"		
ja	58,8	57,8
nein	9,6	13,7
weiß nicht	31,6	28,4
"Informationsbeschaffung:"		
aktiv	18,4	13,7
heran getragen	55,9	64,7
keine Informationen über AIDS	25,7	21,6

Tab. 4.4.4.9
Verwendung von Kondomen bei eher unbekannten Partnern, Verteilung ausgewählter Meinungen und sozialstrukturelle Zusammensetzung, Ost-Befragung (Angaben in Prozent), Fortsetzung

	Verwendung von Kondomen	
	immer	manchmal/nie
Zusammenleben mit Partner:		
ja	17,6	21,9
nein	82,4	78,1
Familienstand:		
verheiratet	31,6	28,4
getrennt lebend	1,5	2,0
verwitwet	4,4	2,9
geschieden	12,5	16,7
ledig	50,0	50,0
Alter:		
18 b. u. 30	47,8	49,0
30 b. u. 40	25,0	26,5
40 b. u. 50	13,2	14,7
50 b. u. 60	7,4	4,9
60 u. älter	6,6	4,9
Bildungsstand:		
kein Abschluß	2,9	5,0
Volksschule	5,1	9,0
PTO	66,9	61,0
EOS ohne Abitur	4,4	2,0
Abitur	20,6	23,0
Wohnortgröße in Tausend:		
u. 5	34,6	40,2
5 b. u. 50	27,2	22,5
50 b. u. 100	5,1	2,9
100 u. mehr	33,1	34,3

In beiden Gruppen ist der Stellenwert sexueller Treue deutlich schwächer ausgeprägt als in der übrigen Bevölkerung. Dies ist damit zu erklären, daß beide Gruppen der sexuell aktiven Bevölkerung zuzurechnen sind, während die Ergebnisse für die Gesamtpopulation auch die Angaben von streng monogam lebenden und sexuell nicht (mehr) aktiven Personen einschließen. Unterschiede zwischen den beiden Gruppen zeigen sich aber insofern, als sich in der ersten Kategorie Zustimmung und Ablehnung bzw. Relativierung dieses Standpunktes die Waage halten. Dagegen messen dreiviertel der Befragten, die auch bei künftigen sexuellen Kontakten mit eher unbekannten Partnern sicher oder wahrscheinlich keine Kondome benutzen wollen, sexueller Treue keine besondere Bedeutung bei.

Ebenfalls deutlich stärker ausgeprägt ist in dieser Kategorie der Hauptgefährdeten eine hedonistisch orientierte Risikobereitschaft: Mehr als 50% geben an, daß ihnen die Gefahren von AIDS zwar bewußt sind, sie bestimmte Risiken aber - zumindest dann und wann - in Kauf nehmen, weil sie auch Spaß im Leben haben wollen. In der Vergleichsgruppe wird dies von zwei Dritteln der Befragten dezidiert abgelehnt. Ähnlich gestaltet sich das Bild auch bei der Frage nach der Verdrängung der AIDS-Problematik. Personen, die eine präventive Verhaltensintention zeigen und künftig immer Kondome verwenden wollen, lehnen das Statement "Über AIDS denke ich kaum nach, ich will das Leben genießen" mehrheitlich ab, in der Vergleichsgruppe der Hochgefährdeten stimmen diesem Item dagegen 23,5% zu, weitere 31,4% sind hier unentschieden; explizit verneint wird dieser Standpunkt hier nur von 45,1%. Die Kenntnisse über Infektionswege entsprechen in beiden Gruppen dem Wert für die Befragungspopulation insgesamt und sind nicht etwa besser - was man bei obkjektiv stärker ansteckungsgefährdeten Personen vielleicht erwartet hätte. Unterschiede lassen sich hier aber bei der Frage nach der Informationsbeschaffung feststellen. In beiden Gruppen ist der Anteil derjenigen, die sich aktiv um Informationen über AIDS bemüht haben überdurchschnittlich hoch (10,8% aller Befragten gaben an, daß sie sich aktiv um Informationen bemüht hätten). Dabei hebt sich aber die erste Gruppe mit 18,4% nochmals deutlich von der Kategorie 2 (13,7%) ab. Auch dieses Ergebnis ist äußerst bedeutsam für die Prävention und ebenso im Hinblick auf den Erfolg bisheriger Präventionsbemühungen - wobei man berücksichtigen muß, daß hier Daten einer Befragung in den neuen Bundesländern kurz nach der Vereinigung zugrunde liegen: Personengruppen, die "es am nötigsten hätten", sich zu informieren, tun dies nicht aus eigenem Antrieb.

Sozialstrukturell sind sich die beiden Gruppen sehr ähnlich: In beiden Fällen dominieren jüngere Befragte bis 40 und Personen mit mittlerem bis hohen Bildungsstatus. Die Befragten sind mehrheitlich ledig und leben vielfach auch nicht mit einem Partner zusammen.

Interpretiert man diese Befunde zusammenfassend, dann scheint es sich bei den Hauptgefährdeten um eine Gruppierung zu handeln, die einen mehr oder weniger stark ausgeprägt hedonistischen Lebensstil praktiziert und feste Bindungen (noch) nicht eingehen will. Unterschiede ergeben sich insbesondere durch eine vorhandene bzw. nicht vorhandene präventive Handlungsorientierung, die wiederum beeinflußt zu sein scheint durch die Art und Ausprägung von Risikobereitschaft und der Tendenz, Probleme zu verdrängen. Diese Befunde decken sich mit den Ergebnissen anderer Unter-

suchungen zur Kondomverwendung.[2] Was auf der Basis der vorliegenden Daten nicht beantwortet werden kann, ist die Frage danach, welche Einflußfaktoren ursächlich sind für die Ausprägung spezifischer Persönlichkeitsmerkmale, die dann zu den beschriebenen Einstellungen und Verhaltensdispositionen führen. Festhalten läßt sich nur, daß sozialstrukturelle Merkmale dabei kaum eine Rolle spielen, da die beiden Gruppen sich hierin kaum unterscheiden.

---

2 vgl. hier exemplarisch Gerhards 1989 sowie Gerhards und Schmidt 1992.

4.4.5 Zum Verhältnis von Öffentlichkeit und Privatheit

Die Sichtweise von AIDS als Gefahr impliziert wie gezeigt unter anderem auch, daß als Grundvoraussetzung für Ansteckungsvermeidung ein generelles Mißtrauen allen Fremden gegenüber zu beobachten ist, denn alle Fremden sind in dieser extremen Perspektive potentielle Virusträger. AIDS als infektiöse Krankheit verstärkt damit auch das Bewußtsein einer feindlichen und gefährlichen Welt oder steht symbolisch für eine solche eher diffuse Angst vor "Öffentlichkeit". Diese scheint vielfach in zunehmender Weise als bedrohlich wahrgenommen zu werden, durch AIDS erhält diese Bedrohung eine konkrete Gestalt. Rückzugsstrategien erscheinen dann ebenso angebracht wie die Beseitigung der Gefahr durch Ausgrenzung und Absonderung der tatsächlich oder vermeintlich Gefährlichen, der sog. "Hauptrisikogruppen".

Paradox ist im Fall von AIDS allerdings der Umstand, daß die Öffentlichkeit als ansteckungsrelevant und gefährlich gilt und man dieser Gefahr durch Rückzug in private Nischen zu entkommen versucht. Wirklich anstecken kann man sich aber nur in der Privatheit und Intimität, wenn der Partner das Virus sozusagen "einschleppt". Privatheit bietet damit subjektiv Schutz vor AIDS, objektiv gibt man diesen Schutz aber gerade in der Privatsphäre unter Umständen auf. In der anonymen Öffentlichkeit erscheint das Virus dagegen als allgegenwärtig und virulent, in der Öffentlichkeit steckt man sich aber faktisch nicht an. Daß man sich mit der Krankheit vermeintlich "draußen" bei "Fremden" anstecken kann, wird auch dadurch deutlich, daß Situationen und Räume als infektiös angesehen werden, die dies nach aller bisherigen wissenschaftlichen Erkenntnis nicht sind (z. B., wie in den vorangegangenen Kapiteln dargestellt, die Benutzung von öffentlichen Toiletten oder Gaststättengeschirr, der Besuch von Sporteinrichtungen oder Großveranstaltungen, flüchtige Körperkontakte). Entsprechend werden Maßnahmen befürwortet, die solche Gefahren in der Öffentlichkeit wieder beseitigen: Trennung der AIDS-Kranken von den Gesunden, Kennzeichnung und Isolierung der HIV-Infizierten etc. Die Schließung von Bordellen und ein Verbot der Prostitution gelten gleichfalls als adäquate Mittel.

Auch hier wird AIDS mithin wieder an tradierte Vorstellungen angeschlossen, wie bisherige theoretische Überlegungen[1] zum Verhältnis von Öffentlichkeit und Privatheit zeigen. Das "Private" repräsentiert das Individuelle, das Vertraute, das Schutz-Bietende, das Gefühl der Geborgenheit, wohingegen das

---

1 Einen systematischen Überblick gibt Kruse 1980; vgl. aber auch Benn und Gaus (Hrsg.) 1983.

"Öffentliche" das Kollektive, das Allgemeine, das Allgemein-Zugängliche, das Offene und damit auch das Schutzlose, das Gefährliche symbolisiert.

Von Bedeutung ist hier insbesondere die historische und kulturelle Bedingtheit der Definition des Privaten und der lokalen Ausgestaltung des Privaten vor dem Hintergrund der jeweiligen Lebens- und Wohnformen.[2] "Haus und Hof", "my home is my castle" und andere Redewendungen verweisen auf Zugänglichkeitsschranken, Geborgenheit und Schutzfunktionen des Privaten. Die soziale Funktion der Privatheit liegt hier in der Abschirmung gegenüber Dritten, die einerseits eine Verfügbarkeit heimlicher Orte konstituiert und Geheimnisse wahrt, andererseits Rückzug, Grenzziehungen und Abgrenzungen erlaubt.

Durch Rückzug ins Private und Meidung von Öffentlichkeit bietet der heimliche Ort des Privaten auch das Gefühl der Geborgenheit vor den unheimlichen Gefahren, die in der Öffentlichkeit allenthalben lauern und uns bedrohen. Über das Verhältnis von Öffentlichkeit und Privatheit konstituiert sich hier die räumliche, situative und personale Dimension von Vertrautheit und Mißtrauen, von Sicherheit und Bedrohung. Private Räumlichkeiten und öffentliche Räume, private und öffentliche Situationen, Selbst- und Fremdgruppe werden so definiert und spiegeln zugleich über diese Grenzziehung Sicherheit und Unsicherheit, Geborgenheit und Gefahr.

Mit der allgemeinen Zunahme der Umweltbelastung, mit der Unwirtlichkeit öffentlicher Räume, mit den Berichten über die steigende Straßenkriminalität in Großstädten und nun auch mit der Gefahr einer Infektion mit dem HIV-Virus steigt das Ohnmachts- und Unsicherheitsgefühl, wird Öffentlichkeit und insbesondere städtische Öffentlichkeit zunehmend als gefährlich erlebt, erscheint der Rückzug in die private Geborgenheit[3] als die angemessene Reaktion. Damit wird das historisch und kulturell bedingte Verhältnis von Öffentlichkeit und Privatheit und so auch die soziale Strukturierung von Umwelt und Welt beeinflußt. Dabei wird "Öffentlichkeit", wie die Untersuchung von Schulze gezeigt hat, worauf aber auch Glatzer und Meyer hinweisen,[4] insbesondere als bedrohlich erlebt von älteren Personen mit niedriger formaler Bildung und schlechter Ausstattung mit materiellen Ressourcen. Eben diese Personen interpretieren, wie unsere Untersuchung in den alten Bundesländern gezeigt

---

2 vgl. Kruse 1980, S. 35 ff.
3 vgl. Piel 1987; zu Unterschieden eines "städtischen" und "dörflichen" Öffentlichkeitsbegriffes siehe auch Jacob 1993.
4 vgl. Glatzer 1984, S. 208; Meyer 1980, S. 113.

hat,[5] AIDS überdurchschnittlich häufig als Gefahr, wobei hier als zusätzlicher Einflußfaktor noch der sozialräumliche Kontext hinzukommt.

Auch in unserer Befragung zeigt sich bei allgemeinen und spezifischen Indikatoren zur Bedrohung in der (städtischen) Öffentlichkeit generell ein vergleichsweise hohes Besorgnisniveau. Große Mehrheiten glauben, daß das Leben in Großstädten grundsätzlich gefährlicher ist als in kleineren Gemeinden. Objektiv kann dagegen bislang in dieser Allgemeinheit nicht von einer generell größeren Gefährdung in Städten ausgegangen werden, vielmehr muß dies nach Gefährdungsarten (Unfälle, Krankheiten, Kriminalität usw.), räumlichen Gegebenheiten und Gruppenmerkmalen differenziert werden. Daß gleichwohl Städte (auch) ein Symbol für Gefahr sind, hat eine lange Tradition - schon in der Antike wurde daß "ungesunde" und "verdorbene". Stadtleben dem "gesunden" und "wahren" Leben auf dem Land gegenübergestellt - und dürfte mit der Heterogenität und Unübersichtlichkeit von Städten zusammenhängen. Dadurch ausgelöste Orientierungsunsicherheiten können dann leicht zu diffusen Bedrohtheitsgefühlen führen. Dies zeigt sich etwa auch darin, daß man vor allem für junge Menschen befürchtet, daß diese in Städten besonderen Gefährdungen und Versuchungen ausgesetzt sind. Gerade für Jugendliche ist aber, nimmt man die Mortalitätsstatistiken als Indikator, ein ländliches oder kleinstädtisches Umfeld eindeutig gefährlicher, denn Unfälle im Straßenverkehr mit Todesfolge sind hier deutlich häufiger.

Daß die Gefahren einer AIDS-Ansteckung in Großstädten besonders hoch sind, ist nach objektiven Kriterien in dieser Kürze ebenfalls nicht haltbar. Zwar ist die Prävalenz von HIV in Großstädten am höchsten, eine Infektion ist aber nicht an bestimmte Orte, sondern an bestimmte Kontakte mit infizierten Personen gebunden. Ursächlich für die hohe Zustimmung zu diesem Statement dürften mithin auch diffuse Ängste sein, die sich mit der Metapher der "ungesunden Stadt" verbinden, aber auch Vorstellungen eines räumlich abgrenzbaren Inkubationsherdes.

Zu erwarten war die tendenziell größere Besorgnis in den fünf neuen Ländern, die mit den vielfach als "Vereinigungsschock" bezeichneten Verunsicherungen im Zuge des Einigungsprozesses zusammenhängen. Sehr deutlich wird dies bei der drastisch höheren Angst einer ausufernden Entwicklung bei kriminellen Delikten in der ehemaligen DDR.

---

5 vgl. Eirmbter, Hahn und Jacob 1993.

Glauben Sie:

daß das Leben in der Großstadt gefährlicher ist als in kleinen Städten oder auf dem Land?

	Ost	West
ja	80,2%	76,3%
nein	19,8%	23,7%

NOst=2131, NWest = 2114

daß gerade junge Menschen in Großstädten besonderen Gefährdungen und Versuchungen ausgesetzt sind?

	Ost	West
ja	87,6%	85,7%
nein	12,4%	14,3%

NOst=2120, NWest = 2099

daß die Gefahren einer AIDS-Ansteckung in großen Städten besonders hoch sind?

	Ost	West
ja	84,6%	79,7%
nein	15,4%	20,3%

NOst=2096, NWest = 2031

In Amerika trauen sich in den Städten viele Menschen kaum noch auf die Straße wegen der hohen Kriminalität. Glauben Sie, daß es bei uns zu einer ähnlichen Entwicklung kommen wird?

	Ost	West
ja	44,6%	30,1%
nein	51,2%	64,2%
es ist bereits so wie in Amerika	4,3%	5,6%

NOst=2125, NWest= 2107

Für wie wahrscheinlich halten Sie es, daß es einmal dazu kommen könnte, daß man sich wegen AIDS kaum noch auf die Straße wagen kann. Halten Sie das für:

	Ost	West
wahrscheinlich	**4,5%**	*5,0%*
weniger wahrscheinlich	**37,3%**	*36,5%*
unwahrscheinlich	**58,3%**	*58,5%*

NOst=2111, NWest= 2104

Das Ausmaß des jeweiligen Besorgnisniveaus ist im Osten wie im Westen erkennbar eine Funktion des Alters. Bei nahezu allen Fragen ist ein linearer Anstieg zu beobachten und stets glauben signifikant mehr ältere als jüngere Befragte, daß die angespochenen Szenarien mit Gefahren verbunden sind (vgl. Tabelle 4.4.5.1).

Tab. 4.4.5.1:   *"Gefährlichkeit öffentlicher Räume" nach Altersklassen (Angaben in Prozent)*

1. Zeile: Ost 2. Zeile: West	Altersklassen					
Zustimmung zu:	18 b.u.	30 b.u.	40 b.u.	50 b.u.	ü. 60	Sig. O/W Cram. V N
"Großstadt gefährli- cher als Land"	**72,2** 68,5	**78,1** 76,5	**86,5** 82,0	**82,2** 78,3	**84,8** 80,0	.000/.000 .131/.116 2131/2100
"Versuchungen für Junge in Städten besonders groß"	**80,8** 78,6	**86,6** 84,2	**92,2** 89,2	**89,9** 89,3	**90,5** 90,0	.000/.000 .126/.132 2120/2086
"Hohe Ansteckungs- gefahren in Städten"	**76,7** 70,6	**80,7** 74,9	**91,3** 82,3	**88,9** 84,6	**89,1** 89,1	.000/.000 .156/.178 2096/2018
"Bald Kriminalität wie in den USA"	**40,1** 21,9	**45,3** 30,6	**42,9** 30,6	**52,0** 32,5	**44,3** 36,3	.000/.000 .085/.126 2125/2093
"Wegen AIDS nicht auf die Straße unwahrscheinlich"	**60,8** 62,0	**54,7** 64,7	**60,7** 55,8	**52,6** 51,7	**61,6** 55,6	.022/.001 .065/.077 2111/2091

Ein ähnlicher Zusammenhang zeigt sich für die Befragten der alten Bundesrepublik auch beim Bildungsgrad. Mit abnehmender Formalbildung steigt das
Besorgnisniveau (vgl. Tabelle 4.4.5.3). In den neuen Ländern ist dieser Zusammenhang weniger eindeutig. Während für die generelle Einschätzung der
Gefährlichkeit von Großstädten und die Beurteilung der
Kriminalitätsentwicklung von einem entsprechenden linearen Zusammenhang
gesprochen werden kann, sind die Unterschiede zwischen den Bildungsgruppen
bei der Beurteilung von Großstädten bezüglich ihres Gefährdungspotentials für
junge Menschen und des Risikos einer Ansteckung mit HIV heterogener (vgl.
Tabelle 4.4.5.2).

Tab. 4.4.5.2:   *"Gefährlichkeit öffentlicher Räume" nach Bildungsgrad/Ost*
                  (Angaben in Prozent)

	Bildungsgrad					
Zustimmung zu:	Kein Abschl.	Volks- schule	Polytech. Obers.	EOS ohne Abitur	Abitur	Sig. Cram. V. N
"Großstadt gefährli- cher als Land"	80,2	86,9	79,3	51,2	77,3	.000 .135 2117
"Versuchungen für Junge in Städten besonders groß"	86,9	91,1	87,1	70,7	87,4	.002 .089 2106
"Hohe Ansteckungs- gefahren in Städten"	76,7	80,7	91,3	88,9	89,1	.000 2096 .156
"Bald Kriminalität wie in den USA"	58,1	48,1	43,7	36,6	39,8	.000 .083 2111
"Wegen AIDS nicht auf die Straße unwahrscheinlich"	60,8	54,7	60,7	52,6	61,6	.022 .065 2111

Tab. 4.4.5.3: *"Gefährlichkeit öffentlicher Räume" nach Bildungsgrad/West (Angaben in Prozent)*

Zustimmung zu:	Bildungsgrad				
	Kein Abschluß	Haupt- schule	Mitt. Reife	FHR/ Abitur	Sig. Cram. V. N
"Großstadt gefähr- licher als Land"	82,5	80,9	77,1	62,5	.000 .160 2060
"Versuchungen f. Junge in Städten besonders groß"	92,5	89,1	86,3	75,2	.000 .150 2045
"Hohe Anstek-- kungsgefahren in Städten"	85,5	85,2	77,1	67,8	.000 .166 1977
"Bald Krimi- nalität wie in den USA"	43,0	31,1	29,6	26,1	.000 .096 2053
"Wg. AIDS nicht auf d. Straße unwahrschein."	45,0	54,3	59,3	72,1	.000 .102 2050

4.5 AIDS: Wahrnehmungsmuster und Reaktionsdispositionen

Bisher wurde analysiert, wie unabhängige Variablen Aspekte der Wahrnehmung von AIDS und den Umgang mit dieser Krankheit beeinflussen. Hier nun sollen die Zusammenhänge innerhalb der Dimensionen der Wahrnehmung von und des Umganges mit AIDS sowie zwischen diesen beiden Ebenen untersucht werden.

Unsere Ausgangsthese ist, daß die Wahrnehmung von Infektionsrisiken für den weiteren Umgang mit AIDS eine entscheidende Rolle spielt, wobei dies sozusagen ein Musterbeispiel für die Anwendung des "Thomas-Theorems" ist.[1] Denn ob die subjektiv wahrgenommenen Infektionsrisiken tatsächlich objektive Entsprechungen haben, ist für die daraus erwachsenden Konsequenzen völlig unerheblich.

Wie die Risiken von AIDS wahrgenommen und welche Situationen als ansteckungsrelevant eingeschätzt werden, ist eine Frage des speziellen individuellen Kenntnisstandes und eine Frage alltagstheoretischer Krankheitsvorstellungen, die als genereller Interpretationsrahmen für schwere Krankheiten anzusehen sind. Außerdem haben wir Anlaß zu vermuten, daß eine individuelle Betroffenheit von AIDS, die darin besteht, daß man AIDS-Kranke oder -Infizierte persönlich kennt, sich moderierend auf die Wahrnehmung von AIDS-spezifischen Risiken auswirkt.

Es wurde schon darauf hingewiesen, daß spezielle Aspekte des individuellen Wissens über AIDS, alltagstheoretische Krankheitsvorstellungen und Schuldzuweisungen eng zusammenhängen. Diese Trennung kann denn auch nur als eine analytische verstanden werden. Die Beurteilung von verschiedenen Situationen als infektiös ist Resultat eines komplexen individuellen Interpretationsprozesses, bei dem kontextspezifische kollektive Erfahrungen mit anderen schweren Krankheiten, individuelle Erfahrungen mit Gesundheitsbeeinträchtigungen und gegebenenfalls extern gewonnene Erkenntnisse über die jeweilige Krankheit zusammenwirken. Mit dem Grad der perzipierten Infektiosität einer Krankheit (insbesondere dann, wenn es sich um eine lebensbedrohliche oder sogar sicher tödliche handelt) steigt auch das Bedürfnis nach ihrer sinnhaften Bewältigung.

---

1 "If men define situations as real, they are real in their consequences". Thomas 1932, S. 572.

AIDS dürfte darüber hinaus wegen der faktischen Spezifität der Übertragungswege eine besondere Sichtweise erfahren, die in vielfältiger Weise von allgemeinen wie auch speziellen Moralvorstellungen und Sittlichkeitsmaßstäben geprägt ist. Ansteckung und Lebensbedrohung sind hier mit Sexualität als einer elementaren, zugleich aber weithin tabuisierten menschlichen Ausdrucksform untrennbar verbunden. Die Anknüpfung an mit Sexualität verbundene Beurteilungs- und Deutungsmuster, Ängste und kollektive Vorstellungen darüber, was als "normal" und was als "abweichend" zu gelten hat, fällt bei dieser Krankheit umso leichter, als besondere sexuelle Aktivitäten wie Homosexualität und Partnerwechsel mit hohen Ansteckungswahrscheinlichkeiten in Verbindung gebracht werden. Die manifeste Krankheit nicht in erster Linie mit Leiden, sondern mit Strafe zu assoziieren, ist bei dieser Konnotation eine nahezu zwangsläufige Konsequenz. Strafe heißt hier gerechte Strafe für ein "ausschweifendes Leben" und "individuelle Abweichung", wobei das Opfer der Krankheit zum Täter und der Bürger zum potentiellen Opfer wird, das Schutz erwartet und vom Staat entsprechende Maßnahmen verlangt.[2] Dieser Zusammenhang dürfte umso ausgeprägter sein, je stärker AIDS auch im Alltag als infektiös eingeschätzt wird und je stärker AIDS als Gefahr interpretiert wird, die - einmal existent - unterschiedslos "Schuldige" wie auch "Unschuldige" treffen kann.

In der Tat zeigt sich ein eindeutiger, signifikanter Zusammenhang zwischen der Einschätzung von Alltagssituationen als infektiös und der Bereitschaft, AIDS als schuldhaftes Phänomen, als Folge von und Strafe für bestimmte, zu mißbilligende Verhaltensweisen anzusehen.

Betrachtet man die jeweiligen Korrelationen der Schuldzuweisungsskala mit den in Frage 19 vorgegebenen Alltagssituationen, so zeigt sich stets, daß signifikant mehr Personen, die die jeweilige Situation als infektiös ansehen, auch eindeutig der Meinung sind, daß AIDS eine Frage gruppenbezogener kollektiver Schuld ist. Umgekehrt lehnen mehr Personen, die eine Infektionsgefahr in der Alltagssituation verneinen, die Ansicht, daß AIDS eine Folge von Schuld ist, ab - wenn auch, in Anbetracht der insgesamt stark ausgeprägten Neigung, die Krankheit als schuldhaftes Phänomen anzusehen, auf deutlich niedrigerem Niveau.

Zudem zeigt sich, daß AIDS umso eher als Folge von und angemessene Strafe für moralisch abzulehnendes Verhalten eingestuft wird, je mehr Alltagssituationen als infektiös eingeschätzt werden (vgl. Tabelle 4.5.1).

---

2   vgl. dazu Schmidt 1987, S. 28.

Tab. 4.5.1:   *"Schuldzuschreibungen" nach Zahl der als infektiös einge-*
schätzten Alltagssituationen (Angaben in Prozent)

1. Zeile: Ost 2. Zeile: West	Zahl der als infektiös eingeschätzen Alltagssituationen				
"AIDS ist Folge von Schuld"	0	1	2	3	4 u. mehr
stimme sehr zu	**3,3** 7,4	**6,0** 7,9	**7,1** 11,0	**8,2** 14,3	**12,7** 22,8
stimme eher zu	**22,9** 33,6	**32,6** 37,2	**34,5** 37,4	**39,9** 51,3	**37,7** 46,9
teils-teils	**48,2** 35,7	**41,3** 40,8	**39,4** 36,3	**37,0** 30,0	**38,2** 26,4
lehne eher a	**21,6** 19,0	**16,4** 11,9	**17,0** 10,7	**12,7** 4,3	**10,3** 3,9
lehne sehr ab	**4,0** 4,4	**3,7** 2,1	**2,0** 2,7	**2,2** -	**1,0** -
total	100,0	100,0	100,0	100,0	100,0
Ost: West:	**Sig. = .000, Gamma = -.225, N = 2084** Sig. = .000, Gamma = -.289, N = 2051				

Untersucht man den Zusammenhang zwischen der Zahl der als ansteckungs-relevant wahrgenommenen Alltagssituationen und einer Sichtweise von AIDS als diffuser und allgegenwärtiger Gefahr, dann zeigt sich, daß die Personengruppen, die AIDS eher als eine solche Gefahr interpretieren, auch zu größeren Teilen unbedenkliche Alltagssituationen für infektiös halten (vgl. Tabelle 4.5.2).

Deutlich wird der Einfluß einer grundlegenden Interpretation von AIDS als Gefahr auch bei der Wahrnehmung der Krankheit vor dem Hintergrund laien-ätiologischer Vorstellungen und Schuldzuweisungen: Nahezu alle Personen, die AIDS als Gefahr interpretieren, sehen die Schuld für die Existenz der Krankheit bei bestimmten Gruppen und halten die Seuche für eine Bestrafung moralisch verwerflichen Handelns (vgl. Tabelle 4.5.3).

Damit läßt sich folgender, als interdependent zu verstehender Zusammenhang zwischen den alltagstheoretisch geprägten Schuldzuschreibungen, dem individu-ellen Krankheitswissen und einem Interpretationsschema von AIDS als Gefahr beschreiben:

Personen, die AIDS als Gefahr ansehen, neigen auch häufiger zu Schuldzuweisungen, interpretieren die Krankheit als Folge von und Strafe für Fehlver-
halten und zeigen einen alltagstheoretisch geprägten Kenntnisstand hinsichtlich
der Infektiosität von HIV. Wird hingegen die extreme Sichtweise von AIDS als
allgegenwärtiger Gefahr nicht geteilt, dann wird in der Regel auch die Infektiosität von HIV deutlich realistischer eingeschätzt.

Tab. 4.5.2:   *"Zahl der als infektiös eingeschätzten Alltagssituationen" nach*
der Sichtweise von AIDS als Gefahr (Angaben in Prozent)

1. Zeile: Ost 2. Zeile: West	AIDS ist eine allgegenwärtige Gefahr, der man schutzlos ausgeliefert ist				
"Zahl der als infek- tiös eingeschätzten Alltagssituationen"	stimme sehr zu	stimme eher zu	teils- teils	lehne eher ab	lehne sehr ab
0	**0,4** 47,8	**4,6** 18,5	**38,1** 22,8	**43,9** 41,1	**13,2** 56,6
1	- 8,7	**3,8** 13,8	**30,2** 19,6	**53,5** 21,6	**12,6** 23,2
2	**0,7** 8,7	**6,2** 13,2	**30,5** 20,8	**52,4** 17,5	**10,2** 9,7
3	**0,6** 4,3	**8,5** 16,4	**33,4** 15,2	**48,9** 9,8	**8,5** 6,0
4 und mehr	**1,3** 30,4	**17,8** 38,1	**39,7** 21,5	**38,4** 10,0	**2,8** 4,5
total	100,0	100,0	100,0	100,0	100,0
Ost: West:	**Sig. = .000, Gamma = -.173, N = 2076** Sig. = .000, Gamma = -.385, N = 2057				

1. Zeile: Ost 2. Zeile: West	AIDS ist eine allgegenwärtige Gefahr, der man schutzlos ausgeliefert ist				
"AIDS ist Folge von Schuld"	stimme sehr zu	stimme eher zu	teils- teils	lehne eher ab	lehne sehr ab
stimme sehr zu	**53,8** 65,2	**12,3** 24,0	**7,3** 13,0	**5,5** 7,7	**5,4** 6,7
stimme eher zu	**46,2** 34,8	**57,7** 50,0	**30,4** 44,2	**32,0** 35,5	**20,7** 33,3
teils-teils	 -	**22,7** 21,4	**47,4** 37,7	**43,4** 39,3	**29,6** 31,3
lehne eher ab	 -	**6,7** 3,1	**13,2** 4,3	**16,9** 16,3	**33,5** 20,3
lehne sehr ab	 -	**0,6** 5,7	**1,7** 9,4	**2,2** 20,8	**10,8** 64,2
total	100,0	100,0	100,0	100,0	100,0
Ost: West:	**Sig. = .000, Gamma = .254, N = 2087** Sig. = .000, Gamma = .336, N = 2086				

Tabelle 4.5.4 zeigt, daß die Ausgrenzungsbereitschaft eine Funktion subjektiv wahrgenommener Infektionsgefahren ist: Je mehr Alltagssituationen als ansteckungsrelevant eingeschätzt werden, umso größer ist der Anteil derjenigen, die eine Ausgrenzung Kranker und Infizierter befürworten, umgekehrt fällt der Anteil derjenigen, die dies zweifelsfrei ablehnen, mit sinkender Zahl der als infektiös wahrgenommenen alltäglichen Situationen. Allerdings ist dieser Zusammenhang in den alten Bundesländern stärker als in den neuen. Dies ist insbesondere zurückzuführen auf die Haltung der Personen, die keine der genannten Alltagssituationen als infektionsrelevant ansehen. Im Westen sprechen sich diese Personen mehrheitlich explizit gegen eine Ausgrenzung Betroffener aus, während im Osten über 50% die Mittelkategorie "teils-teils" gewählt haben und sich mithin nicht eindeutig von ausgrenzenden Maßnahmen distanzieren. Dies könnte damit zusammenhängen, daß Betroffene in den neuen Ländern stärker noch als in den alten als "Fremde" angesehen werden, mit denen man auch dann nichts zu tun haben will, wenn man nicht vermutet, daß sie eine unmittelbare physische Bedrohung für einen selbst darstellen.

In den alten und neuen Bundesländern ähnlich eindeutig ist dagegen der Zusammenhang zwischen Schuldzuschreibungen und der Bereitschaft zur Ausgrenzung (vgl. Tabelle 4.5.5). Fast alle Personen, die einer Ausgrenzung Betroffener aus dem Alltag zustimmen, sehen in AIDS auch mehr oder weniger dezidiert ein schuldhaftes Phänomen. Während aber die Neigung zu Schuldzuweisungen nicht notwendig auch zu Ausgrenzungswünschen führt, hat die noch weitergehende Interpretation von AIDS als Gefahr genau dies nahezu zwangsläufig zur Konsequenz: Lediglich rund 7% aller Befragten, die AIDS als Gefahr interpretieren, lehnen hier eine Ausgrenzung ab (vgl. Tabelle 4.5.6). Die Bereitschaft, staatliche Zwangsmaßnahmen zu akzeptieren, ist ebenfalls abhängig von der Interpretation von AIDS als Gefahr, der subjektiven Wahrnehmung von Alltagssituationen als infektiös und der Neigung, AIDS als Folge von Verfehlungen anzusehen (vgl. Tabellen 4.5.7 bis 4.5.9). Daneben zeigt sich erwartungsgemäß auch ein starker Zusammenhang zwischen der Bereitschaft, Betroffene aus dem Alltagsleben auszugrenzen und der Befürwortung administrativer Zwangsmaßnahmen. Nahezu alle Personen, die Betroffene aus ihrem Umfeld ausschließen wollen, befürworten entsprechende Sondermaßnahmen für Kranke und Infizierte (vgl. Tabelle 4.5.10).

Tab. 4.5.4:   *"Ausgrenzung Betroffener" nach Zahl der als infektiös eingeschätzten Alltagssituationen (Angaben in Prozent)*

1. Zeile: Ost 2. Zeile: West	Zahl der als infektiös eingeschätzten Alltagssituationen				
"Ausgrenzung Betroffener"	0	1	2	3	4 u.mehr
stimme sehr zu	**0,7** 2,1	**0,3** 0,5	**1,7** 1,8	**2,8** 4,8	**6,4** 8,7
stimme eher zu	**11,2** 9,9	**16,5** 15,2	**20,1** 20,5	**20,9** 32,0	**26,6** 45,3
teils-teils	**50,8** 23,7	**39,8** 32,4	**37,8** 36,8	**39,6** 37,2	**39,4** 30,4
lehne eher ab	**29,2** 35,0	**34,8** 33,3	**32,6** 30,0	**30,4** 22,1	**25,3** 14,2
lehne sehr ab	**8,1** 29,3	**8,8** 18,6	**7,7** 11,0	**6,3** 3,9	**2,1** 1,3
total	100,0	100,0	100,0	100,0	100,0

Ost: West:	**Sig. = .000, Gamma = -.159, N = 2077** Sig. = .000, Gamma = -.447, N = 2055

Tab. 4.5.5:   *"Ausgrenzung Betroffener" nach Schuldzuschreibungen*
                      (Angaben im Prozent)

1. Zeile: Ost 2. Zeile: West	AIDS ist Folge von Schuld				
"Ausgrenzung Betroffener"	stimme sehr zu	stimme eher zu	teils- teils	lehne eher ab	lehne sehr ab
stimme sehr zu	**9,4** 15,0	**4,4** 3,1	**0,5** .3	- .3	-
stimme eher zu	**44,0** 38,1	**29,9** 31,7	**10,5** 11,5	**0,8** 2,9	**1,9** 3,5
teils-teils	**32,1** 34,7	**37,2** 48,3	**31,8** 46,2	**10,2** 28,3	**1,9** 7,0
lehne eher ab	**11,5** 9,5	**21,7** 15,6	**39,1** 38,1	**43,8** 50,4	**15,1** 29,8
lehne sehr ab	**3,0** 2,7	**6,8** 1,3	**18,0** 3,8	**45,3** 18,0	**81,1** 59,6
total	100,0	100,0	100,0	100,0	100,0
Ost: West:	**Sig. = .000, Gamma = .606, N = 2086** Sig. = .000, Gamma = .615, N = 2085				

Tab. 4.5.6: "Ausgrenzung Betroffener" nach der Sichtweise von AIDS als Gefahr (Angaben in Prozent)

1. Zeile: Ost 2. Zeile: West	AIDS ist eine allgegenwärtige Gefahr, der man schutzlos ausgeliefert ist				
"Ausgrenzung Betroffener"	stimme sehr zu	stimme eher zu	teils- teils	lehne eher ab	lehne sehr ab
stimme sehr zu	**46,2** 13,0	**9,8** 9,8	**1,2** 3,5	**1,1** 1,6	**2,0** 1,2
stimme eher zu	**46,2** 82,6	**56,7** 56,5	**21,8** 26,1	**11,9** 13,4	**3,9** 5,6
teils-teils	**7,7** 4,3	**26,2** 26,9	**53,4** 42,7	**41,6** 28,6	**21,1** 19,1
lehne eher ab	-	**6,1** 5,7	**21.7** 21,3	**39.3** 40,1	**41,2** 31,1
lehne sehr ab	-	**1,2** 1,0	**1,9** 6,5	**6,1** 16,3	**31,9** 42,9
total	100,0	100,0	100,0	100,0	100,0
Ost: West:	**Sig. = .000, Gamma = .541, N = 2089** Sig. = .000, Gamma = .566, N = 2093				

Tab. 4.5.7: "Zahl akzeptierter Zwangsmaßnahmen" nach der Sichtweise von AIDS als Gefahr (Angaben in Prozent)

1. Zeile: Ost 2. Zeile: West	AIDS ist eine allgegenwärtige Gefahr, der man schutzlos ausgeliefert ist				
"Zahl akzeptierter Maßnahmen"	stimme sehr zu	stimme eher zu	teils-teils	lehne eher ab	lehne sehr ab
0	- 4,3	**6,7** 4,7	**14,5** 10,4	**8,2** 22,0	**17,2** 34,6
1	 -	**3,1** 3,6	**13,1** 10,7	**8,5** 16,8	**18,6** 15,2
2	**7,7** 4,3	**13,5** 17,1	**14,3** 18,1	**20,3** 16,4	**24,5** 17,4
3	**7,7** 39,1	**22,7** 16,6	**24,8** 19,2	**30,0** 19,4	**21,1** 14,0
4	**53,8** 21,7	**29,4** 29,4	**23,3** 30,6	**29,8** 18,8	**13,2** 15,7
5	**30,8** 30,4	**24,5** 18,7	**9,9** 11,0	**3,3** 6,6	**5,4** 2,9
total	100,0	100,0	100,0	100,0	100,0
Ost: West:	**Sig. = .000, Gamma = -.143, N = 2085** Sig. = .000, Gamma = -.347, N =2085				

Tab. 4.5.8:   *"Zahl akzeptierter Zwangsmaßnahmen" nach Zahl der als infektiös eingeschätzten Alltagssituationen (Angaben in Prozent)*

1. Zeile: Ost 2. Zeile: West	Zahl der als infektiös eingeschätzten Alltagssituationen				
"Zahl akzept. Maßnahmen"	0	1	2	3	4 u. mehr
0	**25,7** 31,0	**9,8** 20,0	**4,7** 14,9	**4,4** 7,9	**3,4** 4,5
1	**17,6** 15,6	**8,5** 16,5	**8,4** 12,5	**7,5** 14,0	**7,5** 4,5
2	**18,3** 14,4	**21,0** 19,6	**22,0** 23,5	**17,9** 14,8	**10,9** 13,9
3	**15,7** 15,5	**29,0** 20,5	**29,1** 18,8	**30,8** 17,0	**29,3** 22,3
4	**18,3** 18,0	**26,0** 19,8	**29,1** 23,2	**30,8** 30,6	**29,3** 37,2
5	**4,5** 5,5	**5,8** 3,6	**5,9** 7,1	**8,2** 15,7	**16,1** 17,5
total	100,0	100,0	100,0	100,0	100,0

Ost: West:	**Sig. = .000, Pearson's R = .309, N = 2084** Sig. = .000, Pearson's R = .320, N = 2050

Tab. 4.5.9:   *"Zahl akzeptierter Zwangsmaßnahmen" nach Schuldzuschreibungen (Angaben in Prozent)*

1. Zeile: Ost 2. Zeile: West	AIDS ist Folge von Schuld				
"Zahl akzeptierter Maßnahmen"	stimme sehr zu	stimme eher zu	teils- teils	lehne eher ab	lehne sehr ab
0	**3,4** 4,7	**4,6** 7,7	**12,9** 21,9	**19,1** 52,8	**33,3** 71,7
1	**2,1** 3,8	**3,8** 8,8	**12,5** 18,5	**19,9** 19,0	**28,1** 17,0
2	**2,7** 7,7	**13,0** 14,1	**21,6** 24,7	**25,2** 15,1	**26,3** 3,8
3	**21,9** 20,1	**27,1** 23,5	**29,3** 16,4	**23,2** 9,9	**5,3** -
4	**47,9** 42,3	**41,4** 36,3	**18,5** 11,9	**8,2** 3,2	**5,3** 5,7
5	**21,9** 21,4	**10,0** 9,8	**5,2** 6,6	**4,4** -	**1,8** 1,9
total	100,0	100,0	100,0	100,0	100,0
Ost: West:	**Sig. = .000, Gamma = -.476, N = 2092** Sig. = .000, Gamma = -.560, N = 2079				

Tab. 4.5.10: *"Zahl akzeptierter Zwangsmaßnahmen" nach Ausgrenzungsbe-*
reitschaft (Angaben in Prozent)

1. Zeile Ost 2. Zeile: West	Ausgrenzung Betroffener				
"Zahl akzept. Maßnahmen"	stimme sehr zu	stimme eher zu	teils- teils	lehne eher ab	lehne sehr ab
0	-	**6,3** 1,7	**11,9** 11,8	**11,3** 24,6	**21,4** 49,3
1	**2,1** -	**4,4** 5,7	**9,7** 10,0	**12,9** 20,3	**24,3** 17,8
2	**2,1** -	**10,2** 9,2	**15,4** 19,6	**26,3** 19,7	**23,6** 19,8
3	**8,5** 19,4	**23,2** 18,7	**27,9** 25,1	**29,7** 16,9	**21,4** 8,2
4	**46,8** 56,5	**42,3** 46,1	**28,1** 25,0	**15,7** 13,1	**7,9** 4,2
5	**40,0** 24,2	**13,6** 18,7	**7,1** 7,5	**4,1** 5,4	**1,4** 0,6
total	100,0	100,0	100,0	100,0	100,0
Ost: West:	**Sig. = .000, Gamma = -.362, N = 2085** Sig. = .000, Gamma = -.563, N = 2085				

Die Akzeptanz staatlicher Zwangsmaßnahmen bedeutet übrigens nicht lediglich deren eher passives Hinnehmen, sondern häufig - zumindest als psychische Disposition - eine aktive Nachfrage. Dies zeigt sich bei einer Korrelation mit Statement 20 G. Danach sind rund 30% derjenigen, die keiner der in Frage 25 vorgestellten Zwangsmaßnahmen zugestimmt haben, der Meinung, daß "der Staat dafür sorgen muß, daß AIDS-Infizierte die Krankheit nicht weitergeben". Dieser Wert steigt auf rund 80% in den Gruppen derjenigen, die die Einführung von 4 oder 5 Maßnahmen befürworten (vgl. Tabelle 4.5.11).

Tab. 4.5.11: "Zuständigkeit des Staates für Maßnahmen" nach Zahl akzeptierter Zwangsmaßnahmen (Angaben in Prozent)

1. Zeile: Ost 2. Zeile: West	Zahl akzeptierter Zwangsmaßnahmen					
"Staat muß für Schutz der Gesunden sorgen"	0	1	2	3	4	5
stimme zu	**34,3** 30,0	**42,6** 44,8	**53,0** 59,7	**64,9** 71,0	**79,1** 83,6	**80,7** 83,7
teils-teils	**41,2** 30,9	**36,8** 27,1	**28,3** 23,9	**20,8** 17,2	**13,0** 13,2	**14,9** 13,5
lehne ab	**24,5** 35,2	**20,6** 28,2	**18,6** 16,3	**14,3** 11,7	**7,9** 3,2	**4,3** 2,8
total	100,0	100,0	100,0	100,0	100,0	100,0

Ost: West:	Sig. = .000, Gamma = -.394, N = 2102 Sig. = .000, Gamma = -.518, N = 2092

5. Schlußbemerkungen

Trotz unterschiedlicher Gesellschaftssysteme einerseits und einer im Vergleich zur alten Bundesrepublik nochmals deutlich niedrigeren Prävalenz von HIV in den fünf neuen Ländern sowie einer weitgehenden Ausblendung des Themas "AIDS" aus den Medien der DDR andererseits läßt sich als Hauptergebnis der vorliegenden vergleichenden Untersuchung festhalten, daß Unterschiede der Wahrnehmung und Interpretation von AIDS zwischen Befragten in Ost- ·und Westdeutschland eher gering sind und die Gemeinsamkeiten bei weitem überwiegen.

In beiden Landesteilen wird AIDS als große Bedrohung für die Gesellschaft angesehen. Es lassen sich hüben wie drüben ausgeprägte Ansteckungsvorstellungen auch bei nach bisherigem Wissen unbedenklichen Alltagssituationen beobachten, die auf die Existenz eines "AIDS-imaginaires" schließen lassen, welches die Krankheit assoziiert mit per Schmier- oder Tröpfcheninfektion übertragbaren Krankheiten wie Grippe, den sogenannten Kinderkrankheiten oder auch TBC. Ebenfalls relativ weit verbreitet ist die mit solchen Kontaminationsmodellen eng zusammenhängende generelle Interpretation von AIDS als einer individuell kaum beeinflußbaren Gefahr, vor der es keinen Schutz gibt, die einen aber nahezu überall treffen kann. Diese extreme Interpretation der Krankheit (deren faktische Bedeutung gemessen an Mortalitätsraten nach wie vor weit hinter chronisch-degenerativen Erkrankungen und Unfällen zurückbleibt) wird lediglich von 56,8% der Befragten in den neuen und 60,9% in den alten Bundesländern dezidiert nicht geteilt. Dies deutet darauf hin, daß die bisherigen Bemühungen, AIDS als vermeidbares Risiko darzustellen, nicht die gewünschte Wirkung erzielt haben.

Die von Ansteckungstheorien insbesondere bei schweren Erkrankungen und unsicherem Wissen über diese Krankheiten kaum zu trennende Bereitschaft zur Schuldattribuierung läßt sich in beiden Landesteilen ebenfalls finden. Schuldunterstellungen beinhalten in der Regel auch Kausalitätsannahmen über die Ätiologie der Krankheit und erleichtern mit Hilfe dieses Erklärungsmusters deren sinnhafte Bewältigung. Die Krankheit wird als Folge von und Strafe für Schuld begreiflich und verliert so zumindest teilweise ihren sinnlosen und unheimlichen Charakter. Entsprechend ausgeprägt sind Schuldzuschreibungen: lediglich 19% der Befragten im Osten und 14,7% der Befragten im Westen distanzieren sich eindeutig von dem Standpunkt, daß AIDS eine Folge von und Strafe für schuldhaftes Verhalten ist.

Auch die aus solchen Formen der Wahrnehmung resultierenden Reaktionsdispositionen sind in beiden Landesteilen ähnlich ausgeprägt: rund 20% in Ostwie in Westdeutschland wollen jeden Kontakt mit Betroffenen vermeiden und befürworten explizit Maßnahmen, die diese Personen aus ihrem persönlichen Nahbereich ausgrenzen. Entsprechend hoch ist auch die Bereitschaft zur Akzeptanz staatlicher Zwangsmaßnahmen. Dabei fällt aber auf, daß diese offenbar vielfach gar nicht als solche interpretiert werden, sondern - solange sie nur die Kranken und Infizierten betreffen - analog etwa den Maßnahmen für straffällige Personen oder für physisch Kranke als unabänderliche und zwingend notwendige Konsequenz individueller Verfehlungen oder anders nicht zu therapierender pathologischer Eigenschaften angesehen werden. Als Zwangsmaßnahme gilt häufig nur der obligatorische AIDS-Test für alle, der auch die eigene Person einschließt.

Im Osten wie im Westen sind dabei Alter und Bildung sowie - zumindest in der Tendenz - der sozialräumliche Kontext (indiziert über die Wohnortgröße) relevante Einflußgrößen, während das Geschlecht der Befragten keine Rolle spielt. AIDS wird umso eher als bedrohliche, hochinfektiöse und allgegenwärtige Krankheit, an der bestimmte Minderheiten die Schuld tragen, angesehen, je älter die Befragten sind und je niedriger ihr formaler Bildungsgrad ist. Außerdem ist dieses Einstellungssyndrom in kleinen Gemeinden deutlich häufiger zu beobachten als in Großstädten. Entsprechend treffen auch Maßnahmen zur Ausgrenzung und Separierung Betroffener bei diesen Personengruppen auf die größte Zustimmung.

Gegenüber diesen Gemeinsamkeiten sind die Unterschiede zwischen Ost- und Westdeutschen eher sekundär und dürften zum einen mit einer generell stark ausgeprägten existentiellen Verunsicherung in den neuen Ländern zusammenhängen, für welche AIDS einen Kristallisationskern darstellt. Daneben scheint hier die Neuartigkeit der Krankheit für die Bevölkerung der ehemaligen DDR der entscheidende Faktor zu sein, mit dem sich ausgeprägtere Wissensunsicherheiten verbinden.

Daß die Krankheit AIDS ein neues Phänomen für die Befragten in der ehemaligen DDR ist, läßt sich etwa daran ersehen, daß zwar hüben wie drüben

AIDS als große Bedrohung für die Gesellschaft angesehen wird. Während dies aber in den alten Bundesländern, wo AIDS seit den frühen achtziger Jahren ein Gegenstand öffentlicher Diskussion ist, bereits für die Gegenwart konstatiert wird, vermuten die Befragten in den neuen Ländern, daß diese Bedrohung künftig noch an Bedeutung gewinnen wird - eine Einschätzung, die vor dem Hintergrund der wesentlich günstigeren epidemiologischen Ausgangssituation durchaus auch ihre Berechtigung hat.

Zudem berichten die Befragten in der ehemaligen DDR in sehr viel höherem Maß als im Westen über Wissensunsicherheiten und Informationsdefizite. Für die Aufklärung über tatsächliche Infektionsrisiken ist dies allerdings als günstig zu bewerten, da subjektive Wissensunsicherheiten sich wesentlich leichter beseitigen lassen, als daß bereits verfestigte, aber falsche Vorstellungen korrigiert werden können. Man darf von daher gespannt sein, wie sich die Aufklärungskampagnen der Bundeszentrale für gesundheitliche Aufklärung in den neuen Ländern auswirken werden.

Eine Klärung dieser Frage wie auch die Beurteilung der Entwicklung von Ansteckungsängsten und Ausgrenzungstendenzen, die durch die Diskussion über HIV-verseuchte Blutpräparate eine neue Dynamik erhalten hat, läßt sich allerdings nur durch Längsschnittuntersuchungen herbeiführen. Eine zweite, gesamtdeutsche Welle der vorliegenden Befragung, wie sie 1995 durchgeführt und vom Bundesgesundheitsamt gefördert wird, dürfte in diesem Zusammenhang interessante Ergebnisse liefern.

6. Zusammenfassung

- Im Rahmen des Forschungsprojektes "AIDS und die gesellschaftlichen Folgen" werden Sichtweisen und Interpretationsmuster der Immunschwächekrankheit AIDS und aus solchen Vorstellungen resultierende Reaktionsdispositionen untersucht. Dabei gehen wir davon aus, daß spezifische Sichtweisen, die man als alltagstheoretische Krankheitskonzeptionen bezeichnen kann, für den Umgang mit AIDS vielfach von wesentlich größerer Bedeutung sind als wissenschaftlich gewonnenes Expertenwissen.

- Zur Untersuchung dieser Frage wurden bislang je eine repräsentative Erhebung in den alten und neuen Bundesländern sowie eine intrakulturell vergleichende Studie in differentiellen Sozialräumen (Köln, Trier, Landkreise Ansbach und Neustadt/Aisch) durchgeführt. Eine Replikation der Repräsentativbefragungen erfolgt 1995, um Änderungen im Zeitverlauf feststellen zu können. Anlaß dazu besteht nicht zuletzt wegen der Diskussion über HIV-verseuchte Blutpräparate.

- Die Befragungen in den alten und neuen Bundesländern, die diesem Bericht zugrunde liegen, wurden durchgeführt an der Abt. Soziologie der Universität Trier in Zusammenarbeit mit dem Zentrum für Umfragen, Methoden und Analysen (ZUMA), Mannheim. Die Studie wurde vom Bundesgesundheitsamt aus Mitteln des Bundesministeriums für Forschung und Technologie gefördert. Die Befragung in den alten Ländern fand statt im Frühsommer 1990, die in den neuen Bundesländern im Winter 1991/92.

- Gefragt wurde dabei nach Themenbereichen wie: Bedeutung der AIDS-Bedrohung, Mißtrauen und Rückzugstendenzen, individueller Kenntnisstand und Informationsverhalten, volksmedizinische Vorstellungen und Schuldzuweisungen, Ausgrenzung und Akzeptanz administrativer Maßnahmen.

- Die Ergebnisse zeigen, daß in den alten und in den neuen Bundesländern trotz objektiv niedriger Prävalenz von HIV (die in den neuen Ländern zudem nochmals deutlich niedriger ist als in der ehemaligen Bundesrepublik) und einer vergleichsweise schwachen Infektiosität des Virus' ähnlich ausgeprägte massive Ängste, ein hohes Bedrohtheitsgefühl und die Neigung zu Schuldattributionen vorherrschen. Die Folgen davon sind manifeste Verhaltensänderungen im Spannungsverhältnis von Öffentlichkeit und Privatheit mit der Konsequenz, daß ein beträchtlicher Prozentsatz der Bevölkerung mit dem Rückzug in die Privatsphäre, Ängsten gegenüber Fremden, Unsicherheit im öffentlichen Raum und der Bereitschaft zur Ausgrenzung von Betroffenen reagiert. Demgegenüber sind die Unterschiede zwischen den Befragten in den alten und in den neuen Bundesländern eher gering und dürften vielfach darauf zurückzuführen sein, daß AIDS auch noch im Befragungszeitraum in der ehemaligen DDR ein neues Phänomen darstellt, sowohl was die Prävalenz als auch was verfügbare Informationen anbelangt. Dies manifestiert sich etwa darin, daß bei Wissensfragen die Befragten in den neuen Ländern häufiger die Kategorie "weiß nicht" wählen. Für Aufklärungskampagnen ist dies insofern eine günstigere Ausgangsposition als im Westen, weil Wissensunsicherheiten leichter beseitigt werden können, als das sich verfestigtes, aber falsches Wissen korrigieren läßt.

- So wurde AIDS zwar generell als bedrohlich für die Gesellschaft eingeschätzt, im Westen sahen allerdings deutlich mehr Befragte eine große Bedrohung in der Krankheit als im Osten, während dort mehrheitlich davon ausgegangen wird, daß diese Bedrohung sich künftig noch steigern wird.

- Klare Unterschiede zeigen sich hinsichtlich der subjektiven Wissensunsicherheiten über die Krankheit. Solche Wissensunsicherheiten sind in der ehemaligen DDR sehr viel verbreiteter als im Westen.

- Auf insgesamt hohem Niveau ist die Bereitschaft, staatliche Zwangsmaßnahmen zu akzeptieren, in den neuen Ländern eher noch höher als in den alten. Dies gilt zumindest für die Meldepflicht und für den Zwangstest, während Grenzkontrollen und Einreiseverbote auf wesentlich größere Vorbehalte stießen als im Westen.

- Bei Statement-Batterien fällt vielfach die im Vergleich zur Westbefragung häufigere Wahl der Mittelkategorie "teils-teils" bei gleichzeitiger stärkerer Meidung der Extremkategorien ("stimme sehr zu", und insbesondere "lehne sehr ab") auf. Generell scheint mithin die Bereitschaft einer eindeutigen Festlegung in den neuen Ländern schwächer ausgeprägt zu sein.

- Zur zahlenmäßigen Illustration seien exemplarisch einige zentrale Ergebnisse der beiden Befragungen gegenübergestellt:

Zentralität von AIDS: 49,5% der Befragten in den alten und 35,1% in den neuen Bundesländern sehen AIDS gegenwärtig für unsere Gesellschaft als eine große Bedrohung an. 69,6% der ehemaligen DDR-Bürger vermuten (59,2% im Westen), daß diese Bedrohung künftig eher noch zunehmen wird.

Kenntnisstand über AIDS: 9,1% im Osten und 13% im Westen glauben, daß jemand, der mit HIV infiziert ist, bei dem die Krankheit aber noch nicht ausgebrochen ist, andere nicht anstecken kann. Allerdings äußern sich 33,5% der Befragten im Osten, aber nur 18,4% im Westen bei dieser Frage unsicher. Daß sie explizit keine Information über AIDS haben, sagen 27,8% in den neuen und 20,7% in den alten Bundesländern. Von 9 vorgestellten Situationen der Alltagsroutine, die nach allen bisherigen medizinischen Erkenntnissen keine Infektionsrisiken beinhalten, werden alle 9 von 27,6% im Osten und von 37,0% im Westen auch als ungefährlich eingestuft. Daß vier oder mehr dieser Situationen ansteckungsrelevant sind, sagen 18,2% der Befragten in den neuen und 6,8% in den alten Bundesländern.

Schuldzuschreibungen: Daß AIDS Folge von und Strafe für schuldhaftes Verhalten ist, bejahen 39,2% der Befragten im Osten und 50,1% im Westen. Allerdings äußern sich bei dieser Frage 41,8% der Befragten in den neuen Ländern unentschieden (versus 35,2%) im Westen.

AIDS als Gefahr: 28,2% in den neuen und 26,8% in den alten Bundesländern glauben, daß "AIDS-Gefahren überall lauern". Weitere 28,7% (Ost) bzw. 24,6% sehen dies teilweise so.

Ausgrenzungsbereitschaft: 20,5% der Ostdeutschen und 23,1% der Westdeutschen stimmen einer Ausgrenzung Betroffener aus ihrem persönlichen Nahbereich zu. Wiederum sind bei dieser Frage im Osten zudem weitaus mehr Befragte unentschieden als im Westen, nämlich 42,2% versus 30,4%.

Administrative Maßnahmen: 71,3% im Osten und 54,3% im Westen votieren für eine namentliche Meldepflicht aller Infizierten. 58,9% der Ostdeutschen und 56,9% der Westdeutschen befürworten einen Zwangstest für Angehörige sog. Hauptrisikogruppen. Dagegen werden Grenzkontrollen von 48,4% der Befragten im Westen, aber nur von 42,2% derjenigen im Osten akzeptiert. Bei noch weitergehenden Zwangsmaßnahmen sind die Verteilungen ähnlich: 15,1% (Ost) bzw 15,7% (West) sprechen sich für eine Kennzeichnung aller Infizierten aus. 29,1% (Ost) und 30,1% (West) sind für eine Trennung der AIDS-Kranken von den Gesunden.

Anhang

Auf den folgenden Seiten werden die Fragebögen, ergänzt um die relativen Häufigkeiten der Nennungen in Originalform dokumentiert.

Die Befragung in den neuen Ländern fand statt im November und Dezember 1991 (mit einer Nacherhebung in Thüringen und Sachsen-Anhalt im Februar 1992). N = 2132. Die Ergebnisse werden in **Fettdruck** dargestellt.

Die Befragung in den alten Bundesländern wurde durchgeführt im Mai und Juni 1990. N = 2118. Die Ergebnisse werden in Normaldruck dargestellt.

Fragen, die in dieser ersten Befragung im Sommer 1990 noch nicht gestellt wurden, werden jeweils als neue Fragen ausgewiesen.

1	2	3	4	5	6	7	8	9	INT.- Eintragung	Point.-Nr.									Lf.-Nr.	
										10	11	12	13	14	15	16	17	18	19	20
3	2	1	7					1												

Die GFM-GETAS, Gesellschaft für Marketing-, Kommunikations- und Sozialforschung mbH, Hamburg, ist ein Umfrageinstitut, das in Deutschland Umfragen
zu ganz unterschiedlichen Themen durchführt. Wir bitten Sie heute um Ihre
Teilnahme an einem Studienprojekt, das wir in Zusammenarbeit mit universi-
tären Forschungsinstituten bearbeiten und das sich insbesondere mit Problemen beschäftigt, die Menschen haben können, bzw. mit Problemen, die in
unserer Gesellschaft auftreten können.

Ihre Anschrift ist durch ein statistisches Zufallsverfahren in die Befra-
gungsstichprobe gelangt. Alle Ihre Angaben werden anonym behandelt, d.h.
die Antworten werden ohne Namen und Adresse ausgewertet. Die Forschungsar-
beit unterliegt den Regelungen der Datenschutzgesetzgebung. Es ist absolut
sichergestellt, daß Ihre Angaben nicht mit Ihrer Person in Verbindung gebracht werden.

Für Ihre Interviewteilnahme möchten wir Ihnen sehr freundlich danken.

1	An welchem Ort haben Sie die meiste Zeit Ihres Lebens verbracht? War das:	in einem Dorf in rein ländlicher Umgebung 1	**10,1**	15,7
	INT.: Vorgaben vorlesen, nur eine Nennung möglich.	in einem Dorf in Stadtnähe . . 2	**13,2**	13,4
	Falls Befragter an mehreren Orten gleichlang gelebt hat, bitte den Ort der letzten Lebensphase einkreisen	in einer Kleinstadt (bis 30.000 Einwohner) . . 3	**28,7**	20,8
		in einer Stadt mittlerer Größe (bis 100.000 Einwohner) . . 4	**19,0**	17,3
		in einer Großstadt (bis 500.000 Einwohner) . . 5	**9,1**	14,6
		in einer Großstadt (über 500.000 Einwohner) . 6	**20,0**	18,2

2	Glauben Sie:			
	INT.: Vorgaben vorlesen, zu jeder Vorgabe eine Antwortkennziffer einkreisen			
	- daß das Leben in der Großstadt gefährlicher ist als in kleinen Städten oder auf dem Land?	ja 1	**80,2**	76,3
		nein 2	**19,8**	23,7
	- daß gerade junge Menschen in Großstädten besonderen Gefährdungen und Versuchungen ausgesetzt sind?	ja 1	**87,6**	85,7
		nein 2	**12,4**	14,3
	- daß die Gefahren einer AIDS-Ansteckung in großen Städten besonders hoch sind?	ja 1	**84,6**	79,7
		nein 2	**15,4**	20,3

3	In Amerika trauen sich in den Städten viele Menschen kaum noch auf die Straße wegen der hohen Kriminalität. Glauben Sie, daß es bei uns zu einer ähnlichen Entwicklung kommen wird?	ja 1	**44,6**	30,1
		nein 2	**51,2**	64,2
		es ist bereits so wie in Amerika 3	**4,3**	5,6

4	Für wie wahrscheinlich halten Sie es, daß es einmal dazu kommen könnte, daß man sich wegen AIDS kaum noch auf die Straße wagen kann. Halten Sie das für:	wahrscheinlich 1	4,5	5,0
		weniger wahrscheinlich 2	37,3	36,5
		unwahrscheinlich 3	58,3	58,5

INT.: Vorgaben vorlesen, nur _eine_ Nennung möglich

5	In Deutschland gehen die Meinungen darüber auseinander, ob AIDS gegenwärtig für die Gesellschaft, ich meine für uns alle, eine Bedrohung darstellt. Welcher Meinung neigen Sie zu:	AIDS ist gegenwärtig für unsere Gesellschaft eine große Bedrohung 1	35,1	49,5
		AIDS ist gegenwärtig für unsere Gesellschaft insgesamt weniger bedrohlich 2	51,9	43,0
	INT.: Vorgaben vorlesen, nur _eine_ Nennung möglich	AIDS ist gegenwärtig für unsere Gesellschaft gar keine Bedrohung 3	12,9	7,5

6	Und wie sehen Sie die Entwicklung für die Zukunft? Glauben Sie, daß die allgemeine Bedrohung durch AIDS zukünftig eher zunehmen wird oder eher zurückgehen wird?	Bedrohung durch AIDS wird zukünftig eher zunehmen . . 1	69,6	59,2
		Bedrohung durch AIDS wird zukünftig eher zurückgehen 2	20,9	33,1
		AIDS ist für die Zukunft keine Bedrohung 3	9,5	7,7

INT.: weiße Liste 1 vorlegen

Im folgenden werden Ihnen einige Aussagen vorgestellt. Sagen Sie mir zu jeder Aussage auf der Liste, inwieweit Sie dieser zustimmen bzw. diese ablehnen. Nennen Sie mir hierzu jeweils den Kennbuchstaben der Aussage und die dazugehörige Antwortkennziffer aus der Skala oben auf der Liste.

INT.: zu jeder Vorgabe eine Antwortziffer einkreisen

		stimme sehr zu	stimme eher zu	teils/ teils	lehne eher ab	lehne sehr ab
A	Im Kreis von Kranken und Behinderten fühle ich mich eher unwohl	1 9,9 10,7	2 25,8 22,5	3 37,4 30,8	4 17,8 19,7	5 9,0 16,3
B	Es wird zu viel über Krankheit und Tod berichtet, die angenehmen Seiten des Lebens kommen dagegen zu kurz	1 10,9 14,6	2 33,0 27,4	3 33,6 27,0	4 18,8 21,3	5 3,7 9,7
C	Weil die Ansteckungswege bekannt sind, kann man sich vor AIDS schützen (neues Statement)	1 36,1	2 34,2	3 23,1	4 5,1	5 1,4
D	Wenn man es genau bedenkt, gibt es gar keinen wirksamen Schutz vor AIDS	1 5,5 9,3	2 14,2 14,2	3 26,3 21,3	4 37,8 32,2	5 16,2 22,9
E	Wenn man sich vor allen Gefahren schützen wollte, wäre das Leben zwar sicherer, aber nicht mehr lebenswert	1 15,2 15,8	2 29,2 26,1	3 32,0 28,4	4 18,5 19,5	5 5,0 10,3
F	AIDS-Gefahren lauern überall	1 10,5 9,4	2 17,6 17,4	3 28,7 24,6	4 32,3 30,4	5 11,0 18,1
G	Wenn man vernünftig lebt, muß man vor AIDS keine Angst haben	1 35,1 43,3	2 31,9 33,7	3 24,6 15,4	4 6,8 5,7	5 1,6 1,8
H	Die Gefahren von AIDS sind mir bewußt, aber weil ich auch Spaß im Leben haben will, nehme ich bestimmte Risiken in Kauf	1 2,8 3,6	2 7,4 11,1	3 18,2 17,4	4 27,3 28,9	5 44,1 39,0

8	*INT.: beige Liste 2 vorlegen* Haben Sie schon einmal darüber nachgedacht, sich selbst vor AIDS zu schützen? Welche der Aussagen auf der Liste trifft für Sie zu? *INT.: nur eine Nennung möglich*	habe nicht darüber nachgedacht 1	22,4	21,0
		habe darüber nachgedacht, aber mir wird schon nichts passieren 2	9,5	10,0
		habe zwar darüber nachgedacht, aber durch meine Lebensweise besteht keine Ansteckungsgefahr 3	54,3	51,5
		habe darüber nachgedacht, daß ich mich schützen sollte 4	13,8	17,5
9	Immer wieder wird AIDS mit anderen Gesundheitsgefahren wie Krebs, Herz- und Kreislaufkrankheiten, Unfall- oder Umweltrisiken verglichen. Wovor haben <u>Sie persönlich</u> mehr Angst: *INT.: Vorgaben A - C einzeln vorlesen, zu <u>jeder</u> Vorgabe eine Antwortkennziffer einkreisen*	A. Krebs, oder 1	85,3	88,0
		AIDS? 2	14,7	12,0
		B . Herz- und Kreislaufkrankheiten, oder 1	80,3	80,3
		AIDS? 2	19,7	19,7
		C. Unfallrisiken, oder 1	84,0	83,9
		AIDS? 2	16,0	16,1

INT.: *weiße Liste 3 vorlegen*

Wir haben hier einige Aussagen zusammengestellt, die man häufig im Zusammenhang mit AIDS zu hören bekommt. Sagen Sie mir bitte zu jeder Aussage auf der Liste, inwieweit Sie dieser zustimmen bzw. diese ablehnen. Nennen Sie hierzu jeweils wieder den Kennbuchstaben und die dazugehörige Antwortkennziffer.

INT.: *zu jeder Vorgabe eine Antwortkennziffer einkreisen*

		stimme sehr zu	stimme eher zu	teils/ teils	lehne eher ab	lehne sehr ab
A	AIDS geht uns alle an, nicht nur bestimmte Randgruppen	1 43,6 46,1	2 29,4 30,4	3 18,6 14,0	4 6,7 6,7	5 1,6 2,7
B	AIDS ist die Geißel der Menschheit und die Strafe für ein unmoralisches, zügelloses Leben	1 8,6 10,6	2 20,6 18,0	3 31,0 22,6	4 24,8 21,9	5 15,0 26,9
C	Wer sich heute noch mit AIDS ansteckt, ist selbst Schuld (neues Statement)	1 13,5	2 23,1	3 40,1	4 16,6	5 6,8
D	AIDS-Infizierte haben meist einen fragwürdigen Lebenswandel	1 9,7 25,5	2 23,3 27,5	3 39,8 27,1	4 19,2 13,1	5 8,0 6,9
F	Unsere heutige Zeit mit ihrer Vergnügungssucht und all den Ausschweifungen hat AIDS erst möglich gemacht	1 14,7 21,5	2 29,8 31,6	3 29,3 23,6	4 18,7 15,2	5 7,6 8,2
G	Schuld an AIDS sind die Hauptrisikogruppen	1 17,2 30,3	2 29,2 29,3	3 29,7 23,3	4 16,9 10,1	5 7,0 7,0
H	Wenn alle so leben würden wie ich, gäbe es kein AIDS, und wir alle müßten keine Angst vor Ansteckung haben	1 33,3 41,8	2 32,2 26,2	3 21,2 19,5	4 9,9 8,4	5 3,4 4,1
K	Durch AIDS gefährdet sind doch in erster Linie ganz bestimmte Gruppen wegen ihres Lebenswandels	1 20,5 35,9	2 34,2 34,0	3 28,6 20,4	4 12,1 6,7	5 4,7 2,9

11	Denken Sie jetzt bitte einmal an sich selbst, Ihre Familie und Ihren Freundeskreis. Empfinden Sie dann AIDS als: *INT.: Antwortvorgaben vorlesen, nur eine Nennung möglich*	sehr bedrohlich 1	3,5	3,3
		bedrohlich 2	17,9	16,3
		weniger bedrohlich 3	51,1	40,0
		gar nicht bedrohlich 4	27,5	40,4

12	Wir haben an Sie einige Fragen, bei denen Sie Ihre Antworten selbst eintragen sollen. *INT.: grünen Selbstausfüllbogen übergeben* Lesen Sie zunächst die Einführung. Beginnen Sie dann mit Frage 1 und beantworten Sie die Fragen bis zu der Stelle, an der Sie um die Rückgabe des Bogens gebeten werden. *INT.: während der Ausfüllzeit leicht abwenden, damit sich die Befragungsperson unbeobachtet fühlt* *Danach Bogen geschlossen zurücknehmen und so legen, daß keine andere Person Einblick nehmen kann*		

13	Sind Sie wegen AIDS in Ihrem täglichen Umgang mit Menschen vorsichtiger geworden oder leben Sie so wie bisher?	bin vorsichtiger geworden . . 1	14,8	22,5
		lebe wie bisher 2	85,2	77,5

14	Denken Sie manchmal daran, daß man wegen AIDS in keinem Lebensbereich mehr sicher sein kann und deshalb vor jedem auf der Hut sein muß?	ja 1	13,7	23,1
		nein 2	86,3	76,9

15 | *INT.: beige Liste 4 vorlegen*

Sagen Sie mir bitte zu jeder Aussage auf der Liste, inwieweit Sie dieser
zustimmen bzw. diese ablehnen. Nennen Sie jeweils wieder den Kennbuchstaben und die dazugehörige Antwortkennziffer.

INT.: zu jeder Vorgabe eine Antwortkennziffer einkreisen

		stimme sehr zu	stimme eher zu	teils/ teils	lehne eher ab	lehne sehr ab
A	Wenn ich es mir recht überlege, möchte ich mit AIDS-Infizierten doch lieber gar keinen Kontakt haben	1 16,8 18,9	2 25,9 28,7	3 30,9 25,0	4 20,5 16,5	5 5,8 10,9
B	Ein AIDS-Kranker in meiner Nachbarschaft würde mich stören	1 6,1 7,2	2 18,2 17,2	3 30,5 20,7	4 29,2 24,7	5 16,0 30,1
C	Die AIDS-Bedrohung führt noch dazu, daß man sich außerhalb der eigenen vier Wände nirgends mehr sicher fühlen kann	1 3,2 2,7	2 8,3 9,0	3 20,9 14,4	4 37,9 28,7	5 29,7 45,1
D	Es ist unverantwortlich, AIDS-kranke Kinder zusammen mit gesunden Kindern spielen zu lassen	1 9,6 13,0	2 18,0 20,1	3 35,4 29,9	4 23,5 18,2	5 13,5 18,7

16 | Was glauben Sie: Kann jemand, der mit AIDS infiziert ist, bei dem die Krankheit aber noch nicht ausgebrochen ist, andere Personen anstecken?

ja . . . . 1 57,4 | 68,6

nein . . . . 2 9,1 | 13,0

weiß nicht . . . . 8 33,5 | 18,4

7	Was meinen Sie: Wie viele AIDS-Infizierte, unabhängig davon, ob die Krankheit schon ausgebrochen ist, gibt es ungefähr in Deutschland: *INT.: Vorgaben vorlesen, nur eine Nennung möglich*	ca. 500 . . . . 1 **3,7**	1,3
		ca. 5.000 . . . . 2 **21,1**	16,5
		ca. 50.000 . . . . 3 **26,9**	40,2
		ca. 500.000 . . . . 4 **9,1**	14,9
		weiß nicht 8 **39,2**	27,1
18	Haben Sie sich aktiv um Informationen über AIDS bemüht, oder sind diese eher an Sie herangetragen worden? *INT.: nur eine Nennung möglich*	habe mich aktiv bemüht 1 **10,8**	15,3
		sind eher an mich herangetragen worden 2 **61,4**	64,0
		habe keine Informationen über AIDS 3 **27,8**	20,7

19   *INT.: weißes Kärtchenspiel mischen und übergeben*

Diese Kärtchen zeigen Situationen aus dem Alltag. Welche Situationen sind Ihrer Meinung nach für eine AIDS-Infektion gefährlich, welche ungefährlich? Nennen Sie einfach den Kennbuchstaben des Kärtchens und die dazugehörige Antwortkennziffer.

INT.: für jedes Kärtchen eine Antwortkennziffer einkreisen

	gefährlich	ungefährlich
Kärtchen A - flüchtige Körperkontakte	11,4 8,7	88,6 91,3
Kärtchen B - Besuch beim Zahnarzt usw.	40,1 30,3	59,9 69,7
Kärtchen C - Küsse	36,1 36,9	63,9 63,1
Kärtchen D - Insektenstiche	42,9 30,0	57,1 70,0
Kärtchen E - Schwimmbad, Sauna, Turnhalle	14,8 12,9	85,2 87,1
Kärtchen F - öffentliche Toiletten und Waschräume	33,1 27,7	66,9 72,3
Kärtchen G - Geschirr in Gaststätten usw.	6,2 7,2	93,8 92,8
Kärtchen H - Besuch von Großveranstaltugen	7,9 10,9	92,1 89,1

INT.: weiße Liste 5 vorlegen

Im folgenden werden Ihnen nochmals einige Aussagen vorgestellt. Sagen Sie mir bitte, inwieweit Sie diesen Aussagen zustimmen bzw. diese ablehnen. Nennen Sie jeweils wieder den Kennbuchstaben und die dazugehörige Antwortkennziffer.

INT.: zu jeder Vorgabe eine Antwortkennziffer einkreisen

		stimme sehr zu	stimme eher zu	teils/ teils	lehne eher ab	lehne sehr ab
A	Heute muß man eigentlich jedem mißtrauen, weil man ja nicht weiß, wer AIDS-infiziert ist	1 7,1 6,3	2 12,9 18,5	3 26,1 23,5	4 40,6 28,7	5 13,1 23,0
B	Zumindest in der Freizeit sollten sich die Gesunden Bereiche schaffen dürfen, wo man vor AIDS sicher ist	1 5,0 7,9	2 18,2 19,5	3 30,8 25,0	4 30,5 23,9	5 15,6 23,6
C	AIDS ist ein Problem, das wir gemeinsam lösen müssen und das Opfer von uns allen fordert	1 27,8 32,7	2 34,9 35,5	3 24,4 21,8	4 9,8 7,5	5 3,2 2,5
D	Ich hätte Verständnis dafür, wenn die Gesunden sich zusammenschließen und für sich bleiben	1 4,5 7,4	2 16,3 20,4	3 25,5 21,5	4 34,9 24,9	5 18,8 25,8
E	Der Staat muß dafür sorgen, daß AIDS-Infizierte die Krankheit nicht weitergeben	1 34,7 32,9	2 27,2 28,5	3 23,7 22,0	4 11,3 9,7	5 3,1 7,0
F	Über AIDS denke ich kaum nach, ich will das Leben genießen	1 4,0 7,2	2 10,0 14,0	3 29,5 24,9	4 28,1 26,9	5 28,4 27,1

21

Um die weitere Ausbreitung von AIDS zu verhindern, hört man immer wieder gegensätzliche Forderungen.

Die einen sagen, wir alle sind dafür verantwortlich, daß AIDS sich nicht weiter ausbreitet, die anderen meinen, insbesondere der Staat muß uns vor AIDS schützen. Was meinen Sie persönlich:

INT.: Antwortvorgaben vorlesen, nur eine Nennung möglich

verantwortlich sind wir
alle . . . . 1 79,7 | 84,9

verantwortlich ist in
erster Linie der Staat . . 2 20,3 | 15,1

22	Was glauben Sie, meint die Mehrheit der Bevölkerung hierzu:	verantwortlich sind wir alle 1 **61,1**	**62,7**
	INT.: Vorgaben vorlesen, nur eine Nennung möglich	verantwortlich ist in erster Linie der Staat 2 **38,9**	**37,3**

23	Zur Eindämmung von AIDS gibt es in der Öffentlichkeit gegensätzliche Standpunkte: Die einen halten Aufklärung und freiwillige Maßnahmen für das Richtige, die anderen fordern Zwangsmaßnahmen und Verbote. Was glauben Sie persönlich, ist in erster Linie erfolgversprechend:	Aufklärung und freiwillige Maßnahmen 1 **83,4**	**82,3**
		Zwangsmaßnahmen und Verbote . 2 **16,6**	**17,7**
	INT.: Vorgaben vorlesen, nur eine Nennung möglich		

24	Und was glauben Sie, was die Mehrheit der Bevölkerung für erfolgversprechend hält:	Aufklärung und freiwillige Maßnahmen 1 **75,0**	**60,1**
	INT.: Vorgaben vorlesen, nur eine Nennung möglich	Zwangsmaßnahmen und Verbote . 2 **25,0**	**29,9**

25 | *INT.: beige Liste 6 vorlegen*

Zur Bekämpfung von AIDS werden verschiedene Maßnahmen vorgeschlagen. Bitte sagen Sie mir, welchen möglichen Maßnahmen zur AIDS-Bekämpfung Sie persönlich zustimmen bzw. welche Sie ablehnen.

INT.: zu jeder Vorgabe eine Antwortkennziffer einkreisen

		stimme zu	lehne ab
A	Meldepflicht für die Angehörigen der Hauptrisikogruppen, die sich angesteckt haben	**75,0** 61,7	**25,0** 38,3
B	Generelle namentliche Meldepflicht aller Infizierten	**71,3** 54,3	**28,7** 45,7
C	Grenzkontrollen und Einreiseverbot für AIDS-Infizierte	**42,2** 48,4	**57,8** 51,6
D	Zwangstest nur für Hauptrisikogruppen	**58,9** 56,9	**41,1** 43,1
E	Zwangstest für alle	**22,0** 17,0	**78,0** 83,0

INT.: weiße Liste 7 vorlegen

Und wie glauben Sie, wird die <u>Mehrheit der Bevölkerung</u> darüber denken?
Stimmt Ihrer Meinung nach die Mehrheit der Bevölkerung diesen Maßnahmen
zu oder lehnt sie diese ab.

_INT.: zu jeder Vorgabe eine Antwortkennziffer
einkreisen_

		Mehrheit stimmt zu .	Mehrheit lehnt ab
A	Meldepflicht für die Angehörigen der Haupt-risikogruppen, die sich angesteckt haben	**77,0** 74,4	**23,0** 25,6
B	Generelle namentliche Meldepflicht aller Infizierten	**73,0** 68,9	**27,0** 31,1
C	Grenzkontrollen und Einreiseverbot für AIDS-Infizierte	**50,2** 62,2	**49,8** 37,8
D	Zwangstest nur für Hauptrisikogruppen	**69,0** 75,6	**31,0** 24,4
E	Zwangstest für alle	**16,8** 21,4	**83,2** 78,6

---

27 AIDS-Kranke brauchen Betreuung, und
das kostet Geld. Wer sollte das
Ihrer Meinung nach in erster Linie
bezahlen:

_INT.: Vorgaben vorlesen, nur eine
Nennung möglich_

die Kranken selbst 1   **6,6** | 14,7

die Krankenkassen . . . . . . 2 **40,9** | 47,5

der Staat . . . . 3 **39,1** | 25,7

weiß nicht . . . . 8 **13,5** | 12,1

---

28 Wären Sie <u>persönlich</u> bereit, höhere
Krankenkassenbeiträge zur Betreuung
von AIDS-Kranken und -Infizierten
zu zahlen?

(neue Frage)

ja 1 **27,8**

nein 2 **72,2**

---

29 Angenommen, die Regierung führt eine
allgemeine AIDS-Sonderabgabe ein,
die jeder zahlen muß. Würden Sie
dies befürworten?

INT.: nur eine Antwort möglich

ja . . . . 1 **27,5** | 38,6

nein . . . . 2 **72,5** | 61,4

Bisweilen werden zum Schutz der Gesunden auch Maßnahmen vorgeschlagen, die unsere Gesellschaft sehr verändern könnten. Wenn nun AIDS weiter um sich greift, würden Sie persönlich dann die folgenden Maßnahmen befürworten oder ablehnen?

INT.: zu jeder Vorgabe eine Antwortkennziffer einkreisen

		würde ich befür- worten	würde ich ablehnen	weiß ich nicht
A	Trennung der AIDS-Kranken von den Gesunden	29,1 / 30,1	53,1 / 54,7	17,8 / 15,1
B	Kennzeichnung aller AIDS-Infi- zierten	15,1 / 15,7	72,7 / 72,2	12,2 / 12,0
C	Isolierung uneinsichtiger AIDS- Infizierter	69,2 / 69,7	16,9 / 19,7	13,9 / 10,6
D	Verschärfung des Seuchenrechts	40,4 / 47,8	24,8 / 31,7	34,8 / 20,4
E	Schließung von Bordellen und Ver- bot der Prostitution	44,7 / 33,2	35,4 / 49,3	20,0 / 17,5
F	Bestrafung von Personen, die an- dere wissentlich mit AIDS ange- steckt haben	82,3 / 86,0	8,5 / 8,2	9,2 / 5,8

INT.: nochmals beige Liste 8 vorlegen

Und was glauben Sie, wie die <u>Mehrheit der Bevölkerung</u> darüber denkt? Würde die Bevölkerung diese Maßnahmen Ihrer Meinung nach mehrheitlich befürworten oder würde sie diese mehrheitlich ablehnen?

INT.: zu jeder Vorgabe eine Antwortkennziffer einkreisen

		würde mehrheitlich befürwortet	würde mehrheitlich abgelehnt	weiß ich nicht
A	Trennung der AIDS-Kranken von den Gesunden	38,2 51,8	42,9 32,9	19,0 15,4
B	Kennzeichnung aller AIDS-Infizierten	21,8 32,6	60,0 50,0	18,2 17,4
C	Isolierung uneinsichtiger AIDS-Infizierter	67,6 76,9	15,9 12,0	16,6 11,1
D	Verschärfung des Seuchenrechts	44,5 60,2	20,9 20,6	34,6 19,2
E	Schließung von Bordellen und Verbot der Prostitution	33,4 36,2	40,7 43,3	25,9 20,5
F	Bestrafung von Personen, die andere wissentlich mit AIDS angesteckt haben	76,9 85,4	9,9 7,4	13,2 7,2

---

32 | Wenn Sie über mögliche Maßnahmen zur AIDS-Bekämpfung nachdenken, welcher Gesichtspunkt ist dann für Sie <u>wichtiger</u>:

INT.: Vorgaben vorlesen, nur eine Nennung möglich

Schutz der Gesunden, notfalls auch auf Kosten der AIDS-Infizierten . . . 1 **51,2** | 64,2

oder:

Persönlichkeitsschutz der AIDS-Kranken und -Infizierten . . . . . . 2 **48,8** | 35,8

---

33 | Wir haben jetzt wieder zwei Fragen, bei denen Sie Ihre Eintragung selbst machen sollen. Danach können Sie den Selbstausfüllbogen in das Kuvert stecken und dieses verschließen. Schlagen Sie bitte die letzte Seite auf und beantworten Sie die Fragen 6 und 7.

INT.: Selbstausfüllbogen <u>und</u> Briefumschlag übergeben, nach Beantwortung der Fragen geschlossenes Kuvert zurücknehmen und zu den Befragungsunterlagen legen

Bitte nicht vergessen, den Umschlag später, d.h. <u>nicht</u> in Anwesenheit der Befragungsperson, mit der Point-Nr. (Spalten 10-19) zu versehen

4 Glauben Sie, daß die Gefahr, die momentan von AIDS ausgeht, in Deutschland eher unterschätzt, eher überschätzt oder richtig eingeschätzt wird, oder sind Sie der Meinung, daß diese Gefahr zur Zeit überhaupt nicht richtig eingeschätzt werden kann?

INT.: Vorgaben vorlesen, nur *eine* Nennung möglich

Gefahr wird eher unterschätzt	1	31,0	32,5
Gefahr wird eher überschätzt	2	10,9	9,3
Gefahr wird richtig eingeschätzt	3	29,1	33,7
Gefahr kann zur Zeit überhaupt nicht richtig eingeschätzt werden	4	29,0	24,5

In diesem Selbstausfüllteil bitten wir Sie, Ihre Antworten selbst anzu-
kreuzen. Achten Sie bitte auf die Ausfüllanweisung bei jeder Frage, aus
der hervorgeht, ob Sie nur eine Antwort ankreuzen sollen oder ob mehrere
Antworten möglich sind.

Wenn alle Fragen beantwortet sind, wird der Selbstausfüllbogen in einen
Briefumschlag gesteckt und verschlossen. Damit ist eine Einsichtnahme nur
im Rahmen der wissenschaftlichen Auswertung gewährleistet.

Wir möchten an dieser Stelle betonen, daß alle an dieser Studie beteilig-
ten Mitarbeiter dem Datenschutz verpflichtet sind. Alle von Ihnen gemach-
ten Angaben werden anonym ausgewertet, d.h., es ist nicht möglich, daß Ihre
Angaben mit Ihrem Namen oder Ihrer Adresse in Verbindung gebracht werden.

Wir bedanken uns sehr herzlich für Ihre Mitarbeit an diesem Forschungsvor-
haben und bitten Sie nun um die Beantwortung der ersten 5 Fragen in diesem
Bogen.

1 Haben Sie Bekannte, Freunde oder Familienangehörige, die sich mit AIDS angesteckt haben?

Bitte kreuzen Sie nur eine Antwort an	ja 1 2,6	3,9
	bin mir nicht sicher 2 8,7	17,0
	nein 3 86,6	76,3
	habe keine Angehörigen, Freunde oder Bekannte . . . 6 2,0	2,8
(neue Frage)		

2 Wie sicher sind Sie, daß sich Ihr Ehepartner/Partner nicht mit AIDS angesteckt hat:

Bitte kreuzen Sie nur eine Antwort an	bin mir sicher 1 76,5	72,9
	bin mir nicht sicher 2 5,4	3,4
	mein (Ehe-)Partner ist AIDS-infizert 3 0,4	0,6
	habe keinen (Ehe-)Partner . . 4 17,7	23,0

3 Wie sicher sind Sie, daß Sie selbst sich bisher nicht mit AIDS angesteckt haben und auch künftig nicht anstecken werden:

bin mir sicher 1 91,3	90,7
bin mir nicht sicher 2 8,7	9,1
bin AIDS-infizert 3 0,0	0,1

Bitte kreuzen Sie nur eine Antwort an

4 Im folgenden werden Ihnen einige Aussagen vorgestellt. Sagen Sie uns bitte, in welchem Ausmaß Sie diesen Aussagen zustimmen oder sie ablehnen.

Bitte machen Sie zu jeder Aussage ein Kreuz

		stimme sehr zu	stimme eher zu	teils/ teils	lehne eher ab	lehne sehr ab
A	In einer festen Part- nerschaft sollten an- dere sexuelle Kontakte tabu sein	58,7 58,3	26,0 23,4	11,4 11,1	2,6 4,0	1,3 3,3
B	Ich halte sexuelle Treue für nicht so wichtig	6,4 4,1	7,7 6,4	12,2 9,4	29,2 22,6	44,5 57,6
C	Sexualität sollte nur in einer festen Part- nerschaft in Frage kommen	41,3 46,1	24,4 19,7	20,3 17,8	8,7 10,0	5,3 6,4

5	Die Menschen sind ja in ihren sexuellen Gewohnheiten sehr verschieden. Manche sind aktiver, manche sind weniger aktiv, und jeder hat in seinem Leben auch Zeiten, in denen in sexueller Hinsicht gar nichts passiert.			

Wie ist das bei Ihnen: Sind Sie in den letzten 12 Monaten mit jemandem intim gewesen?

ja . . . . . | 78,3 | bitte weiter mit Frage 6 — 77,8

nein . . . | 21,7 | — 22,2

---

6 Hatten Sie in den letzten 12 Monaten mehr als einen Partner, mit dem Sie intim waren, ich meine, mit dem Sie Geschlechtsverkehr hatten?

ja . . . . . . | 15,4 | bitte weiter mit Frage 7 — 19,7

nein. . . . . | 84,6 | — 80,3

Alle folgenden Fragen wurden nur in den neuen Ländern gestellt

---

7 Ist es Ihnen schon mal - ich meine in den letzten 12 Monaten - passiert, daß mit einer Zufallsbekanntschaft einfach so geschlafen haben, weil Sie Lust darauf hatten?

ja . . . . | 51,5 |

nein . . . . . | 48,5 |

---

8 Haben Sie an die Gefahr einer AIDS-Ansteckung gedacht und sich geschützt?

ja, habe darüber nachgedacht, aber dann doch keine Schutzmaßnahmen getroffen | 25,1 |

ja, habe daran gedacht und Schutzmaßnahmen getroffen | 57,4 |

nein, habe über AIDS noch nicht nachgedacht | 17,4 |

---

9 Haben Sie ein Kondom verwendet?   ja   62,7

nein   37,3

---

10 Wenn Sie wieder Beziehungen mit eher unbekannten Partnern eingehen, würden Sie immer ein Kondom verwenden oder manchmal auch nicht?

ja, würde immer ein Kondom verwenden   57,1

ja, aber manchmal vielleicht nicht   36,1

nein   6,7

S1	INT.: _bitte ohne Befragen einstufen_	einem Mann 2	49,1	
	Interview wurde durchgeführt mit:	einer Frau 1	50,9	2129

S2	Abschließend noch einige Fragen zur Statistik: Würden Sie mir bitte zunächst sagen, in welchem Jahr und in welchem Monat Sie geboren sind?	Monat: ⬜⬜ Jahr: ⬜⬜⬜⬜		

S3	INT.: _weiße Liste S1 vorlegen_	bin z.Zt. Schüler, besuche eine allgemeinbildende (Vollzeit-)Schule 01	0,5	
	Welchen höchsten allgemeinbildenden Schulabschluß haben Sie? Sehen Sie sich bitte die Liste an und nennen Sie mir das für Sie Zutreffende.	von der Schule abgegangen ohne Abschluß, vor Erreichen der 8. Klasse 30	3,1	
	INT.: nur _eine_ Nennung möglich, nur _höchsten_ Abschluß angeben lassen	Volksschulabschluß 40	24,0	
		Polytechnische Oberschule mit 8. Klasse Abschluß (vor 1965) 41	13,9	> S5
		Polytechnische Oberschule mit 10. Klasse Abschluß seit (1965) 42	40,8	
		Erweiterte Oberschule (EOS) ohne Abschluß 50	1,9	
		Erweiterte Oberschule (EOS) mit Abschluß bzw. Abitur, allgemeine Hochschulreife . 70	14,9	
		anderen, und zwar:	0,9	
		- - - - - - - - - - - - -- - (_INT.:_ bitte notieren)		
			99	2129

S4	INT.: _weiße Liste S2 vorlegen_	Polytechnische Oberschule mit 10. Klasse Abschluß . . 42	0,1	
	Welchen allgemeinbildenen Schulabschluß streben Sie an?	Erweiterte Oberschule (EOS) ohne Abschluß 50	-,-	
	INT.: nur _eine_ Nennung möglich	Erweiterte Oberschule (EOS) mit Abschluß bzw. Abitur, allgemeine Hochschulreife . 70	0,4	
		anderen Schulabschluß, und zwar:	-,-	
		- - - - - - - - - - - - - - (_INT.:_ bitte notieren)		
			99	11

INT.: nach Beantwortung von Frage S4 ------> sofort weiter mit Frage S8

S5	Wie alt waren Sie, als Sie die allgemeinbildende Schule verlassen haben?	Jahre alt:		
	INT.: Alter in Jahren eintragen		99	2086

S6	*INT.: weiße Liste S3 vorlegen*	bin noch in der beruflichen Ausbildung/Lehre A-1	1,4	
	Und nun zu Ihrer beruflichen Ausbildung: Bitte nennen Sie mir alles, was Sie in Ihrer beruflichen Ausbildung gemacht haben. Was von dieser Liste trifft auf Sie zu?	bin noch Schüler/Student . . B-1	2,8	
		bin nicht in Ausbildung und habe bisher keinen beruflichen Ausbildungsabschluß gemacht C-1	7,4	
	INT.: Mehrfachnennungen möglich. Fortbildungskurse, die der Befragte nach seiner beruflichen Ausbildung gemacht hat, sind hier nicht gemeint	beruflich-betriebliche Anlernzeit (evtl. mit Abschlußzeugnis), aber keine Lehre; Teilfacharbeiterausbildung D-1	8,6	
		Lehre mit Abschlußprüfung . E-1	60,4	
		berufliches Praktikum, Volontariat F-1	4,5	
		Abschluß als Meister/Techniker (Industrie bzw. Handwerk) G-1	4,8	
		Fachschulabschluß H-1	12,2	
		Hochschulabschluß ohne Diplom J-1	1,5	
		Hochschulabschluß mit Diplom/Promotion K-1	8,3	
		anderen beruflichen Ausbildungsabschluß, und zwar:	1,0	
	INT.: bitte notieren ————————>	- - - - - - - - - - - - - - -	9	

S7	Welche Fachschule haben Sie besucht? Eine Fachschule für:	*INT.: bitte notieren*		
		- - - - - - - - - - - - - - -	9	

INT.: weiße Liste S5 vorlegen	ich bin vollzeit-erwerbstätig mit einer Arbeitszeit von 40 Stunden und mehr je Woche insgesamt 1	49,1	>S14
Sind Sie gegenwärtig erwerbstätig, oder was sonst von dieser Liste trifft auf Sie zu? Unter "Erwerbstätigkeit" wird jede bezahlte bzw. mit einem Einkommen verbundene Tätigkeit verstanden, egal, welchen zeitlichen Umfangs. Bitte sehen Sie die Liste einmal durch.	ich bin teilzeit-erwerbstätig mit einer Arbeitszeit von 20 bis 39 Stunden je Woche insgesamt 2	3,2	>S13
INT.: nur eine Nennung möglich, bei Saisonarbeit den groben Stundendurchschnitt angeben lassen	ich bin teilzeit- oder stundenweise-erwerbstätig mit einer Arbeitszeit von weniger als 20 Stunden je Woche insgesamt 3	0,6	> S9
ACHTUNG: bei Lehrern voller Stundensatz in Kategorie 1 einordnen nicht voller Stundensatz in Kategorie 2 einordnen	ich bin Auszubildender/ Lehrling 4	1,2	>S14
	ich bin gegenwärtig nicht erwerbstätig (einschl. Studenten, die nicht gegen Geld arbeiten/Mutterschaft/Arbeitslose/Null-Kurzarbeit/Rentner/ Vorruhestand) 5 9	45,9	> S9 2132

INT.: weiße Liste S6 vorlegen	ich bin Schüler 01	1,3	
Bitte sehen Sie diese Liste einmal durch, ob etwas auf Sie zutrifft. Sofern etwas von dieser Liste auf Sie zutrifft, nennen Sie mir den Buchstaben.	ich bin Student 02	7,0	>S16
	ich bin Fachschüler . . . 12	0,2	
	ich bin Rentner/Pensionär, im Vorruhestand 03	53,0	
	ich bin z. Zt. arbeitslos, mache Null-Kurzarbeit . . 04	24,9	
INT.: nur eine Nennung möglich	ich bin Hausfrau/Hausmann 05	11,0	>S10
	ich bin Wehr-/Zivildienstleistender 06	-,-	
	ich bin aus anderen Gründen nicht erwerbstätig . . 07	1,3	
	nichts trifft zu 08 99	1,3 991	

Waren Sie früher einmal vollzeit- oder teilzeit-erwerbstätig mit einer Wochenarbeitszeit von mindestens 20 Stunden in der Woche?	ja 1	91,8	>S11
	nein 2 9	8,2 905	>S16

S 11	*INT.: weiße Liste S6 vorlegen*	Bauer oder Gärtner . .	A-01	**8,6**
	Welche berufliche Stellung traf zuletzt auf Sie zu? Sehen Sie sich auch bitte diese Liste an und nennen Sie mir den Kennbuchstaben.	Akademischer freier Beruf	B-02	**0,4**
		Selbständige(r) in Handel, Gewerbe, Industrie, Dienstleistung, auch Freier Beruf und Genossenschaftsmitglied (PGH)	C-03	**3,0**
	INT.: nur eine Nennung möglich	Beamter/Richter/	D-04	**0,8**
		Beschäftigter/Angestellter im Dienstleistungsbereich (einschl. Handel, Verkehr, Polizei, Gesundheitswesen, Bildung usw. auch NVA/Bundeswehr)	E-05	**42,3**
		Angestellter im Produktionsbereich	F-08	**16,5**
		Arbeiter in der Produktion, in der Industrie, im Handwerk, beim Bau . .	G-06	**28,4**
		In Ausbildung	H-07	**-,-**
			99	83

S 12	*INT.: Blaues Kartenspiel verwenden, Karte mit dem in S11 eingekreisten Buchstaben auswählen und vorlegen. Übrige Karten beiseite legen*			
	Und welche der aufgeführten Beschreibungen traf auf Sie zu? Nennen Sie mir bitte die entsprechende Kennziffer.	*INT.: Kennziffer bitte eintragen*		
	INT.: nur eine Nennung möglich		99	81

INT.: nach Beantwortung von Frage S12 ———> sofort weiter mit Frage S16

S 13	*INT.: weiße Liste S8 vorlegen*	ich bin Student	02	**1,5**	>S1
		ich bin Fachschüler . . .	12	**-,-**
	Bitte sehen Sie diese Liste einmal durch, ob sonst noch etwas auf Sie zutrifft. Sofern etwas auf Sie zutrifft, nennen Sie mir bitte den entsprechenden Kennbuchstaben.	ich bin Rentner/Pensionär	03	**1,5**
		ich bin Hausfrau/Hausmann	05	**7,7**	>S1
		nichts trifft zu	08	**89,2**
	INT.: nur eine Nennung möglich			6

INT.: weiße Liste S6 vorlegen

Welche berufliche Stellung trifft
auf Sie z. Zt. zu? Sehen Sie sich
bitte diese Liste an und nennen
Sie mir den Kennbuchstaben.

INT.: nur eine Nennung möglich

Bauer oder Gärtner	. .	A-01	1,8
Akademischer freier Beruf		B-02	1,1
Selbständige(r) in Handel, Gewerbe, Industrie, Dienstleistung, auch Freier Beruf und Genossenschaftsmitglied (PGH)	. . . .	C-03	5,2
Beamter/Richter/ . . . . . Beschäftigter/Angestellter		D-04	1,0
im Dienstleistungsbereich (einschl. Handel, Verkehr, Polizei, Gesundheitswesen, Bildung usw. auch Bundeswehr)	. . . . .	E-05	58,2
Angestellter im Produktionsbereich		F-08	9,9
Arbeiter in der Produktion, in der Industrie, im Handwerk, beim Bau	. .	G-06	20,9
In Ausbildung	. . . . .	H-07	2,0
		99	1135

---

*INT.: Blaues Kartenspiel verwenden, Karte mit dem in S11 eingekreisten
Buchstaben auswählen und vorlegen. Übrige Karten beiseite legen*

Und welche der aufgeführten Beschreibungen trifft auf Sie zu?
Nennen Sie mir bitte die entsprechende Kennziffer.

INT.: nur eine Nennung möglich

INT.: Kennziffer bitte eintragen

		99	1094

INT.: weiße Liste S9 vorlegen

Welchen Familienstand haben Sie?
Sind Sie:

verheiratet und leben mit Ihrem Ehepartner zusammen	. .	1	63,9	>S18
verheiratet und leben getrennt	. . . .	2	1,0	
verwitwet	. . . .	3	11,1	>S17
geschieden	. . . .	4	7,4	
ledig	. . . .	5	16,6	
		9	2132	

Leben Sie mit einem(r) Partner(in) zusammen?

ja	. . . .	1	19,3
nein	. . . .	2	80,7
		9	746

S 18	Es wird heute viel über verschiedene Bevölkerungsschichten gesprochen. Welcher dieser Schichten rechnen Sie sich selbst eher zu: _INT.: Antwortvorgaben vorlesen, nur eine Nennung möglich_	der Unterschicht 1	7,8	
		der unteren Mittelschicht . . 2	24,6	
		der mittleren Mittelschicht . 3	40,0	
		der oberen Mittelschicht . . . 4	8,4	
		der Oberschicht 5	0,4	
	INT.: nicht vorlesen <	keiner dieser Schichten . . . 6	1,5	
		weiß nicht 8	10,7	
		Einstufen abgelehnt 7	6,8 9	2127

S 19	_INT.: weiße Liste S10 vorlegen_ Welcher Religionsgemeinschaft gehören Sie an?	der evangelischen Kirche . . . 1	22,1	
		einer evangelischen Freikirche 2	1,9	
		der römisch-katholischen Kirche 3	5,2	>S20
		einer anderen christlichen Religionsgemeinschaft . . . 4	0,7	
		einer anderen, nicht-christlichen Religionsgemeinschaft . 5	0,3	>S22
		keiner Religionsgemeinschaft . 6	69,8 9	2120

S 20	Wie stark fühlen Sie sich Ihrer Kirche verbunden? _INT.: Antwortvorgaben vorlesen_	sehr stark 1	5,5	
		stark 2	21,7	
		weniger stark 3	59,0	
		gar nicht 4	13,8 9	63

S 21	Wie oft gehen Sie im allgemeinen zur Kirche? _INT.: Antwortvorgaben vorlesen, nur eine Nennung möglich_	mehr als 1mal in der Woche . . 1	2,5	
		1mal in der Woche 2	7,0	
		1- bis 3mal im Monat 3	11,9	
		mehrmals im Jahr 4	27,1	
		seltener 5	37,9	
		nie 6	13,6 9	63

S 22	Die letzte Bundestagswahl fand vor etwa einem Jahr, am 02. Dezember 1990 statt. Waren Sie bei dieser Wahl wahlberechtigt?	ja 1	98,1	>S2
		nein 2	1,9 9	>S2 212

23	Haben Sie bei dieser Bundestags- wahl im Dezember 1990 gewählt?	ja 1 88,4	>S24
		nein 2 11,6 9	>S25 2070

24	Welche Partei haben Sie mit Ihrer <u>Zweitstimme</u> gewählt? *INT.: nur <u>eine</u> Nennung möglich*	CDU 01 22,9	
		SPD 02 18,2	
		F.D.P. 03 7,4	
		Bündnis 90/GRÜNE 04 6,1	
		PDS 06 6,2	
		DSU 07 0,4	
		Republikaner 08 0,4	
		andere Partei 09 13,7	
		keine Zweitstimme abgegeben 96 0,8	
		Angabe verweigert 97 16,4	
		weiß nicht mehr 98 6,6 99	2132

S 25	Wie hoch ist Ihr eigenes monat- liches Netto-Einkommen? Ich meine dabei die Summe, die nach Abzug der Steuern und Sozialversiche- rungsbeiträge verbleibt.	DM ☐☐☐☐☐	
	INT.: bei Selbständigen nach dem durchschnittlichen monat- lichen Netto-Einkommen, ab- züglich der Betriebsausgaben, fragen	kein eigenes Einkommen 99996 verweigert 99997	
	INT.: falls Einkommensangabe <u>ver- weigert</u> wird, bitte auf Ano- nymität hinweisen und weiße Liste S10 vorlegen. Um Angabe der Kennziffer bitten	Kennziffer eintragen ☐☐ verweigert 97 99	

S 26	Wie viele Personen leben insgesamt hier in Ihrem Haushalt, Sie selbst mit eingeschlossen? Rechnen Sie bitte jeden dazu, der normalerweise hier wohnt, auch wenn er z.Zt abwe- send ist, z.B. im Krankenhaus oder in Ferien oder im Urlaub. Auch Kin- der rechnen Sie bitte dazu.	lebe allein 01 19,7	>S31
		☐☐ Personen *INT.: Anzahl bitte eintragen*	>S27
		99	2132

S 27	Leben hier im Haushalt Kinder oder Jugendliche unter 18 Jahren, und falls ja, sagen Sie mir bitte für jedes dieser Kinder das Geburtsjahr. Beginnen wir mit dem ältesten Kind unter 18 Jahren:	nein, keine Kinder unter 18 Jahren 96

INT.: jeweils Geburtsjahr notieren

1. Kind: 19____

2. Kind: 19____

3. Kind: 19____

4. Kind: 19____

5. Kind: 19____

6. Kind: 19____

99

S 28 Und wie viele Personen leben hier im Haushalt, die die <u>deutsche</u> Staatsangehörigkeit besitzen und das <u>18. Lebensjahr</u> vollendet haben?

Personen mit deutscher Staatsangehörigkeit (18 Jahre und älter)

INT.: Anzahl bitte eintragen

99 1712

S 29 Wie viele Personen insgesamt hier im Haushalt tragen zum Haushaltseinkommen bei?

Personen

INT.: Anzahl bitte eintragen

99 1711

S 30 Wie hoch ist das <u>monatliche Netto-Einkommen Ihres Haushaltes insgesamt</u>? Gemeint ist die Summe, die sich ergibt aus Lohn, Gehalt, Einkommen aus selbständiger Tätigkeit, Rente oder Pension, jeweils nach Abzug der Steuern und Sozialversicherungsbeiträge. Rechnen Sie auch bitte die Einkünfte aus den öffentlichen Beihilfen, Einkommen aus Vermietung, Verpachtung, Wohngeld, Kindergeld und sonstige Einkünfte hinzu.

DM

INT.: bei Selbständigen nach dem durchschnittlichen monatlichen Netto-Einkommen, abzüglich der Betriebsausgaben, fragen

verweigert 99997

INT.: <u>falls Einkommensangabe ver-weigert</u> wird, bitte auf Anonymität hinweisen und weiße <u>Liste S10</u> vorlegen. Um Angabe der Kennziffer bitten

INT.: Kennziffer eintragen

verweigert 97

99

S 31	Haben Sie hier im Haushalt Telefon?	ja 1 25,8	
		nein 2 74,2	
		9	2122

S 32	Haben Sie einen telefonischen Anrufbeantworter oder planen Sie eine Anschaffung?	Anrufbeantworter bereits vorhanden 1 2,9	
		Anschaffung geplant 2 14,3	
		nein, beides nicht 3 82,7	
		9	2017

S 33	Damit ist dieses Interviewgespräch, für das ich Ihnen auch im Namen unseres Instituts und aller beteiligten Wissenschaftler sehr herzlich danken möchte, abgeschlossen.

S1	_INT.: bitte ohne Befragen einstufen_ Interview wurde durchgeführt mit:	einem Mann . . . . 2 46,9 einer Frau 1 53,1	2118
S2	Abschließend noch einige Fragen zur Statistik: Würden Sie mir bitte zunächst sagen, in welchem Jahr und in welchem Monat Sie geboren sind?	Monat: Jahr:	

S3 _INT.: weiße Liste S1 vorlegen_

Welchen höchsten allgemeinbil-
denden Schulabschluß haben Sie?
Sehen Sie sich bitte die Liste
an und nennen Sie mir das für
Sie Zutreffende.

INT.: nur eine Nennung möglich,
nur höchsten Abschluß angeben
lassen

bin z.Zt. Schüler, besuche eine allgemeinbildende (Vollzeit-)Schule	01 1,3
bin z.Zt. Schüler, besuche eine berufsorientierte Aufbau-, Fachschule u.ä.	02 0,9
von der Schule abgegangen ohne Abschluß, vor Erreichen einer 9., 10. oder 11. Klasse	03 3,8
Volks-, Hauptschulabschluß .	04 50,5
Mittlere Reife, Realschul- abschluß, Fachschulreife	05 26,5
Fachhochschulreife, fachge- bundene Hochschulreife, Abschluß einer Fach- oberschule	06 3,6
Abitur, allgemeine Hoch- schulreife	07 13,5
anderen Schulabschluß, und zwar: 08	

> S6

- - - - - - - - - - - - -- -
(_INT.: bitte notieren_)

2109

S4 _INT.: weiße Liste S2 vorlegen_

Welchen höchsten allgemeinbil-
denden Schulabschluß haben Sie
bisher erreicht? Was von dieser
Liste trifft auf Sie zu?

INT.: nur eine Nennung möglich.
nur höchsten Schulabschluß
angeben lassen

von der Schule abgegangen ohne Abschluß, vor Erreichen einer 9., 10. oder 11. Klasse	03 5,6
Volks-, Hauptschulabschluß .	04 5,6
Mittlere Reife, Realschul- abschluß, Fachschulreife	05 66,7
Fachhochschulreife, fachge- bundene Hochschulreife, Abschluß einer Fach- oberschule	06 -,-
Abitur, allgemeine Hoch- schulreife	07 22,2
anderen Schulabschluß, und zwar: 08	

- - - - - - - - - - - - - - - -

	(*INT.: bitte notieren*)	18	
S5	*INT.: weiße Liste S3 vorlegen*	Volks-, Hauptschulabschluß . 04	-,-
	Welchen Schulabschluß streben	Mittlere Reife, Realschul-	
	Sie an?	abschluß, Fachschulreife 05	**5,1**
	INT.: nur eine Nennung möglich	Fachhochschulreife, fachge- bundene Hochschulreife, Abschluß einer Fachoberschule 06	**25,6** > S8
		Abitur, allgemeine Hoch- schulreife 07	**69,2**
		anderen Schulabschluß, und zwar:	
		08	
		- - - - - - - - - - - - - - -	
		(*INT.: bitte notieren*)	40
S6	Wie alt waren Sie, als Sie die Schule verlassen haben?	Jahre alt:	
		☐☐☐	
	INT.: Alter in Jahren eintragen		1994

<table>
<tr><td>S7</td><td>INT.: weiße Liste S4 vorlegen</td><td>bin noch in der beruflichen
  Ausbildung/Lehre . . . . A-1</td><td>1,9</td></tr>
<tr><td></td><td>Und nun zu Ihrer beruflichen Aus-
bildung: Bitte nennen Sie mir alles,</td><td>bin noch Schüler/Student . . B-1</td><td>3,4</td></tr>
<tr><td></td><td>was Sie in Ihrer beruflichen Ausbil-
dung gemacht haben. Was von dieser
Liste trifft auf Sie zu?</td><td>bin nicht in Ausbildung und
  habe bisher keinen berufli-
  chen Ausbildungsabschluß</td><td></td></tr>
<tr><td></td><td>INT.: Mehrfachnennungen möglich.</td><td> gemacht . . . . C-1</td><td>12,7</td></tr>
<tr><td></td><td>   Fortbildungskurse, die der
    Befragte nach seiner beruf-
    lichen Ausbildung gemacht</td><td>beruflich-betriebliche An-
  lernzeit (mit Abschlußzeug-</td><td></td></tr>
<tr><td></td><td>   hat, sind hier nicht ge-
    meint</td><td> nis), aber keine Lehre . D-1</td><td>6,0</td></tr>
<tr><td></td><td></td><td>Lehre mit Abschlußprüfung . E-1</td><td>56,7</td></tr>
<tr><td></td><td>Variablen:</td><td>Berufsschulabschluß ohne
  betriebliche Lehre, Berufs-
  grundbildungsjahr . . . F-1</td><td>1,4</td></tr>
<tr><td></td><td></td><td>berufliches Praktikum,
  Volontariat . . . . . G-1</td><td>3,2</td></tr>
<tr><td></td><td></td><td>Ausbildung an einer Schule
  des Gesundheitswesens . H-1</td><td>2,2</td></tr>
<tr><td></td><td></td><td>Verwaltungsfachschulabschluß J-1</td><td>2,2</td></tr>
<tr><td></td><td></td><td>Berufsfachschulabschluß,
  Handelsschulabschluß . . K-1</td><td>4,3</td></tr>
<tr><td></td><td></td><td>Ausbildung an einer anderen
  Fachschule/Berufsakademie,
  Fachakademie, Akademie für
  Wirtschafts- und Sozialwesen,
  auch: Meister-, Techniker-
  schule . . . . L-1</td><td>5,1</td></tr>
<tr><td></td><td></td><td>Fachhochschulabschluß (auch
  Ingenieurschulabschluß) M-1</td><td>2,7</td></tr>
<tr><td></td><td></td><td>Hochschulabschluß . . . . P-1</td><td>5,2</td></tr>
<tr><td></td><td></td><td>anderen beruflichen Ausbil-
  dungsabschluß, und zwar: Q-6</td><td>1,3</td></tr>
<tr><td></td><td>INT.: bitte notieren ————></td><td>- - - - - - - - - - - - - -</td><td>2095</td></tr>
</table>

S8	INT.: weiße Liste S5 vorlegen				
	Sind Sie gegenwärtig erwerbstätig, oder was sonst von dieser Liste trifft auf Sie zu? Unter "Erwerbstätigkeit" wird jede bezahlte bzw. mit einem Einkommen verbundene Tätigkeit verstanden, egal, welchen zeitlichen Umfangs. Bitte sehen Sie die Liste einmal durch.	ich bin vollzeit-erwerbstätig mit einer Arbeitszeit von 36 Stunden und mehr je Woche insgesamt	A-1	43,2	>S14
		ich bin teilzeit-erwerbstätig mit einer Arbeitszeit von 19 bis 34 Stunden je Woche insgesamt	B-2	6,6	>S13
	INT.: nur eine Nennung möglich, bei Saisonarbeit den groben Stundendurchschnitt angeben lassen ACHTUNG: *bei Lehrern voller Stundensatz in Kategorie A einordnen nicht voller Stundensatz in Kategorie B einordnen*	ich bin teilzeit- oder stundenweise-erwerbstätig mit einer Arbeitszeit von weniger als 19 Stunden je Woche insgesamt	C-3	3,6	> S9
		ich bin Auszubildender/ Lehrling	D-4	1,9	>S14
		ich bin gegenwärtig nicht erwerbstätig	E-5	44,7	> S9 2092

S9	INT.: weiße Liste S6 vorlegen			
	Bitte sehen Sie diese Liste einmal durch, ob etwas auf Sie zutrifft. Sofern etwas von dieser Liste auf Sie zutrifft, nennen Sie mir den Buchstaben.	ich bin Schüler	A-01	4,5	
		ich bin Student	B-02	7,6	>S16
		ich bin Rentner/Pensionär	C-03	40,3	
		ich bin z.Zt. arbeitslos	D-04	2,9	
	INT.: nur eine Nennung möglich	ich bin Hausfrau/Hausmann	E-05	41,6	>S10
		ich bin Wehr-/Zivildienstleistender	F-06	0,3	
		ich bin aus anderen Gründen nicht erwerbstätig . .	G-07	2,7	
		nichts trifft zu	H-08		1019

S10	Waren Sie früher einmal vollzeit- oder teilzeit-erwerbstätig mit einer Wochenarbeitszeit von mindestens 19 Stunden in der Woche?	ja 1	86,0	>S11
		nein 2	14,0	>S16 92

S11	INT.: weiße Liste S7 vorlegen			
	Welche berufliche Stellung traf zuletzt auf Sie zu? Sehen Sie sich auch bitte diese Liste an und nennen Sie mir den Kennbuchstaben.	Selbständiger Landwirt . .	A-01	1,0	
		Akademischer freier Beruf	B-02	0,4	
		Selbständiger in Handel, Gewerbe, Industrie, Dienstleistung u.a.	C-03	2,9	>S12
	INT.: nur eine Nennung möglich	Beamter/Richter/ Berufssoldat	D-04	5,0	
		Angestellter	E-05	51,6	
		Arbeiter	F-06	39,0	
		In Ausbildung	G-07	0,1	
		Mithelfender Familienangehöriger	H-08		>S16 766

S12

INT.: auf den in S11 eingekreisten <u>Buchstaben</u> achten. Karte mit diesem
Buchstaben <u>aus dem roten Kartenspiel auswählen und vorlegen. Übrige</u>
<u>*Karten beiseite legen*</u>

Und welche der aufgeführten Beschreibungen traf auf Sie zu? Nennen Sie mir bitte die entsprechende Kennziffer.

INT.: Kennziffer bitte eintragen

INT.: nur <u>eine</u> Nennung möglich

758

INT.: nach Beantwortung von Frage S12 ———> sofort weiter mit Frage S16

S13

INT.: weiße Liste S8 vorlegen

Bitte sehen Sie diese Liste einmal
durch, ob sonst noch etwas auf Sie
zutrifft. Sofern etwas auf Sie zutrifft, nennen Sie mir bitte den
entsprechenden Kennbuchstaben.

INT.: nur <u>eine</u> Nennung möglich

ich bin Student	. . . .	B-02	5,1	>S16
ich bin Rentner/Pensionär	C-03	3,0
ich bin Hausfrau/Hausmann	E-05	91,9	>S14
nichts trifft zu	. . . .	H-08

99

S14

INT.: weiße Liste S7 vorlegen

Welche berufliche Stellung trifft
auf Sie z.Zt. zu? Sehen Sie sich
bitte diese Liste an und nennen
Sie mir den entsprechenden Kennbuchstaben.

INT.: nur <u>eine</u> Nennung möglich

Selbständiger Landwirt . . A-01 1,3

Akademischer freier Beruf B-02 1,6

Selbständiger in Handel,
  Gewerbe, Industrie, Dienst-
  leistung u.ä. C-03 5,4

Beamter/Richter/
  Berufssoldat . . . . . D-04 7,7 >S15

Angestellter E-05 52,5

Arbeiter F-06 28,1

In Ausbildung G-07 3,9

Mithelfender Familien-
  angehöriger . . . . . H-08 >S16
1065

S15

INT.: auf den in S14 eingekreisten <u>Buchstaben</u> achten. Karte mit diesem
Buchstaben <u>aus dem roten Kartenspiel auswählen und vorlegen.</u>
<u>*Übrige Karten beiseite legen.*</u>

Und welche der aufgeführten Beschreibungen trifft auf Sie zu?
Nennen Sie mir bitte die entsprechende Kennziffer.

INT.: Kennziffer bitte eintragen

INT.: nur <u>eine</u> Nennung möglich

1059

S16	*INT.: weiße Liste S9 vorlegen* Welchen Familienstand haben Sie? Sind Sie:	verheiratet und leben mit Ihrem Ehepartner zusammen . 1 **59,0**	>S18
		verheiratet und leben getrennt 2 **1,2**	
		verwitwet 3 **11,9**	>S17
		geschieden 4 **5,2**	
		ledig 5 **22,7**	2114

S17	Leben Sie mit einem(r) Part- ner(in) zusammen?	ja 1 **14,9**	
		nein 2 **85,1**	861

S18	Es wird heute viel über verschie- dene Bevölkerungsschichten gespro- chen. Welcher dieser Schichten rechnen Sie sich selbst eher zu: *INT.: Antwortvorgaben vorlesen, nur eine Nennung möglich* *INT.: nicht vorlesen* <—	der Unterschicht 1 **3,3**	
		der unteren Mittelschicht . . 2 **18,3**	
		der mittleren Mittelschicht . 3 **50,9**	
		der oberen Mittelschicht . . . 4 **10,1**	
		der Oberschicht 5 **1,3**	
		keiner dieser Schichten . . . 6 **1,4**	
		weiß nicht 8 **6,6**	
		Einstufen abgelehnt 7 **8,1**	2115

S19	*INT.: weiße Liste S10 vorlegen* Welcher Religionsgemeinschaft gehören Sie an?	der evangelischen Kirche . . . 1 **43,6**	
		einer evangelischen Freikirche 2 **4,2**	
		der römisch-katholischen Kirche 3 **41,6**	>S20
		einer anderen christlichen Religionsgemeinschaft . . 4 **1,2**	
		einer anderen, nicht-christ- lichen Religionsgemeinschaft . 5 **0,3**	>S21
		keiner Religionsgemeinschaft . 6 **9,1**	2112

S20	Wie stark fühlen Sie sich Ihrer Kirche verbunden? *INT.: Antwortvorgaben vorlesen*	sehr stark 1 **6,4**	
		stark 2 **26,9**	
		weniger stark 3 **50,7**	
		gar nicht 4 **16,0**	1913

S21	Wie oft gehen Sie im allgemeinen zur Kirche? _INT.: Antwortvorgaben vorlesen, nur eine Nennung möglich_	mehr als 1mal in der Woche . . 1 2,3 1mal in der Woche . . . . . . 2 11,4 1- bis 3mal im Monat . . . . . 3 13,3 mehrmals im Jahr . . . . 4 25,8 seltener . . . . 5 29,5 nie 6 17,7	 2105
S22	Die letzte Bundestagswahl war am 25. Januar 1987. Waren Sie bei dieser Wahl wahlberechtigt?	ja . . . . 1 90,7 nein 2 9,3	>S23 >S25 2118
S23	Haben Sie bei dieser Bundestagswahl im Januar 1987 gewählt?	ja . . . . 1 90,1 nein 2 9,9	>S24 >S25 1911
S24	Welche Partei haben Sie mit Ihrer _Zweitstimme_ gewählt? _INT.: nur eine Nennung möglich_	CDU bzw. CSU . . . . 01 32,6 SPD . . . . 02 33,1 F.D.P. . . . . 03 6,6 DIE GRÜNEN . . . . 04 8,1 NPD . . . . 05 0,1 DKP . . . . 06 0,2 andere Partei . . . . 07 0,4 keine Zweitstimme abgegeben 96 0,3 Angabe verweigert . . . . . 97 15,1 weiß nicht mehr 98 3,4	 1732
S25	Die letzte Wahl zum Berliner Abgeordnetenhaus war im Januar 1989. Hatten Sie zu dieser Zeit einen Wohnsitz in Berlin und waren damit für diese Wahl wahlberechtigt?	ja . . . . 1 4,0 nein 2 96,0	>S26 >S28 188
S26	Haben Sie bei dieser Wahl zum Berliner Abgeordnetenhaus gewählt?	ja . . . . 1 74,7 nein 2 25,3	>S27 >S28 83

S27	Welche Partei haben Sie mit Ihrer Zweitstimme gewählt?	CDU 01 **27,0**	
		SPD 02 **33,3**	
		F.D.P. 03 **7,9**	
		DIE GRÜNEN 04 **14,3**	
		NPD . . . . 05 **-,-**	
		DKP . . . . 06 **-,-**	
		andere Partei 07 **1,6**	
		keine Zweitstimme abgegeben 96 **-,-**	
		Angabe verweigert 97 **14,3**	
		weiß nicht mehr 98 **1,6**	63

S28 Wie hoch ist Ihr eigenes monatliches Netto-Einkommen? Ich meine dabei die Summe, die nach Abzug der Steuern und Sozialversicherungsbeiträge verbleibt.

DM

INT.: bei Selbständigen nach dem durchschnittlichen monatlichen Netto-Einkommen, abzüglich der Betriebsausgaben, fragen

kein eigenes Einkommen   99996

verweigert 99997

INT.: falls Einkommensangabe verweigert wird, bitte auf Anonymität hinweisen und weiße Zusatzkarte B vorlegen. Um Angabe der Kennziffer bitten

Kennziffer eintragen

verweigert 97

S29 Wie viele Personen leben insgesamt hier in Ihrem Haushalt, Sie selbst mit eingeschlossen? Rechnen Sie bitte jeden dazu, der normalerweise hier wohnt, auch wenn er z.Zt abwesend ist, z.B. im Krankenhaus oder in Ferien oder im Urlaub. Auch Kinder rechnen Sie bitte dazu.

lebe allein . . . . 01 **25,0**   >S34

		Personen

>S30

INT.: Anzahl bitte eintragen

S30 Leben hier im Haushalt Kinder oder Jugendliche unter 18 Jahren, und falls ja, sagen Sie mir bitte für jedes dieser Kinder das Geburtsjahr. Beginnen wir mit dem ältesten Kind unter 18 Jahren:

nein, keine Kinder
     unter 18 Jahren 96

INT.: jeweils Geburtsjahr notieren

1. Kind: 19____

2. Kind: 19____

3. Kind: 19____

4. Kind: 19____

5. Kind: 19____

6. Kind: 19____

S31	Und wie viele Personen leben hier im Haushalt, die die <u>deutsche</u> Staatsangehörigkeit besitzen und das <u>18. Lebensjahr</u> vollendet haben?	☐☐	Personen mit deutscher Staatsangehörigkeit (18 Jahre und älter)

INT.: Anzahl bitte eintragen

2118

S32	Wie viele Personen insgesamt hier im Haushalt tragen zum Haushaltseinkommen bei?	☐☐	Personen

INT.: Anzahl bitte eintragen

S33 Wie hoch ist das monatliche Netto-Einkommen Ihres Haushaltes insgesamt? Ich meine dabei die Summe, die sich ergibt aus Lohn, Gehalt, Einkommen aus selbständiger Tätigkeit, Rente oder Pension, jeweils nach Abzug der Steuern und Sozialversicherungsbeiträge. Rechnen Sie auch bitte die Einkünfte aus öffentlichen Beihilfen, Einkommen aus Vermietung, Verpachtung, Wohngeld, Kindergeld und sonstige Einkünfte hinzu.

DM

☐☐☐☐☐

verweigert 99997

INT.: bei Selbständigen nach dem durchschnittlichen monatlichen Netto-Einkommen, abzüglich der Betriebsausgaben, fragen

INT.: falls Einkommensangabe <u>verweigert</u> wird, bitte auf Anonymität hinweisen und weiße Zusatzkarte A vorlegen. Um Angabe der Kennziffer bitten

Kennziffer eintragen

☐☐

verweigert 97

S34	Haben Sie hier im Haushalt Telefon?	ja 1 **91,4**
		nein 2 **8,6**

2112

Literaturverzeichnis

Ackerknecht, E. H.: Geschichte der Medizin, Stuttgart[7] 1992
AIDS-Zentrum des Bundesgesundheitsamtes (Hrsg.): AIDS-Nachrichten aus Forschung und Wissenschaft, Nr. 3, 1992
Arbeitskreis Deutscher Marktforschungsinstitute (Hrsg.): Muster-Stichproben-Pläne für Bevölkerungs-Stichproben in der Bundesrepublik Deutschland und West-Berlin, bearb. von F. Schaefer, München 1979

Babl, S.: Mehr Unzufriedenheit mit der Öffentlichen Sicherheit im vereinten Deutschland. Eine Zusammenstellung objektiver und subjektiver Indikatoren zur Kriminalität, in: ISI, Nr. 3, 1993, S. 5-10
Backhaus, K.; u.a.: Multivariate Analysemethoden, Berlin[6] 1990
Beck, U.: Risikogesellschaft - Auf dem Weg in eine andere Moderne, Frankfurt 1986
Bengel, J.; Koch, U.: Zur Psychologie der Angst, des Risiko - und Gesundheitsverhaltens, in: Rosenbrock, R.; Salmen, A. (Hrsg.): AIDS-Prävention, Berlin 1990, S. 111-120
Benn, S.J.; Gaus, G.F. (Ed.): Public and Private in Social Life, New York 1983
Blasius, J.: Zur Stabilität von Ergebnissen bei der Korrespondenzanalyse, in: ZA-Informationen, 23, 1988, S. 47-62
Blasius, J.; Dangschat, J, (Hrsg.): Lebensstile in den Städten, Opladen 1994
Bleibtreu-Ehrenberg, G.: Angst und Vorurteil. AIDS-Ängste als Gegenstand der Vorurteilsforschung, Reinbek 1989
Bohn, C.: Habitus und Kontext. Ein kritischer Beitrag zur Sozialtheorie Bourdieus. Mit einem Vorwort von A. Hahn, Opladen 1991
Bonß, W.: Unsicherheit und Gesellschaft - Argumente für eine soziologische Risikoforschung, in: SW, 42, 1991, S. 258-277
Bourdieu, P.: Sozialer Sinn. Kritik der theoretischen Vernunft, Frankfurt[3] 1987
Bourdieu, P.: Die feinen Unterschiede. Kritik der gesellschaftlichen Urteilskraft, Frankfurt[3] 1984
Brosius, G.: SPSS/PC+: Advanced Statistics und Tables. Einführung und praktische Beispiele, Hamburg 1989
Bundeszentrale für gesundheitliche Aufklärung (Hrsg.): AIDS im öffentlichen Bewußtsein der BRD - Ergebnisse einer bundesweiten Repräsentativbefragung, Köln 1987
Bundeszentrale für gesundheitliche Aufklärung (Hrsg.): AIDS im öffentlichen Bewußtsein der Bundesrepublik. Wiederholungsbefragung 1989. Zusammenfassung wichtiger Ergebnisse, Köln 1990
Bundeszentrale für gesundheitliche Aufklärung (Hrsg.): AIDS im öffentlichen Bewußtsein der Bundesrepublik. Wiederholungsbefragung 1990, Köln 1991

Deutscher Bundestag, Referat Öffentlichkeitsarbeit (Hrsg.): AIDS: Fakten und Konsequenzen; Endbericht der Enquete-Kommission "Gefahren von AIDS und wirksame Wege zu ihrer Eindämmung", Bonn 1990
Dornheim, J.: Verweisungszusammenhänge als kulturelle und soziohistorische Prämissen von Krankheitsdiskursen, in: Rosenbrock, R.; Salmen, A. (Hrsg.): AIDS-Prävention, Berlin 1990, S. 197-205
Dornheim, J.: Kranksein im dörflichen Alltag. Soziokulturelle Aspekte des Umgangs mit Krebs, Tübingen 1983

Eirmbter, W. H., Brothun, M.: Forschung zum Thema "AIDS und die gesellschaftlichen Folgen", in: Unijournal, Zeitschrift der Universität Trier, 6, 1989, S. 16-20
Eirmbter, W. H.; Hahn, A.; Jacob, R.: Milieu und Krankheitsvorstellungen, in: Blasius, J.; Dangschat, J, (Hrsg.): Lebensstile in den Städten, Opladen 1994, S. 196-215
Eirmbter, W. H.; Hahn, A.; Jacob, R.: AIDS und die gesellschaftlichen Folgen, Frankfurt 1993
Eirmbter, W. H.; Hahn, A.; Jacob, R.: Zum Alltagswissen über AIDS, in: Soziale Probleme, 3, 1992a, S. 45-78

Eirmbter, W. H.; Hahn, A.; Jacob, R.: Zum Umgang mit AIDS in der Bevölkerung, in: MMG, 17, 1992b, S. 216-226

Elias, N.: Studien über die Deutschen: Machtkämpfe und Habitusentwicklung im 19. und 20. Jahrhundert, München[4] 1990

Evans, R. J.: Tod in Hamburg. Stadt, Gesellschaft und Politik in den Cholera-Jahren 1830-1910, Reinbeck 1990

Faller, H.: Subjektive Krankheitstheorie des Herzinfarktes, in: Bischoff, C.; Zenz, H. (Hrsg.): Patientenkonzepte von Körper und Krankheit, Bern 1989, S. 49-59

Flick, U.: Alltagswissen über Gesundheit und Krankheit. Einleitung und Überblick, in: Ders. (Hrsg.): Alltagswissen über Gesundheit und Krankheit. Subjektive Theorien und soziale Repräsentationen, Heidelberg 1991, S. 9-27.

Franke, B.: Die Kleinbürger, Frankfurt 1988

Gaus, G.: Wo Deutschland liegt: eine Ortsbestimmung, München 1986

Geißler, R.: Die Sozialstruktur Deutschlands. Ein Studienbuch zur Entwicklung im geteilten und vereinten Deutschland, Opladen 1992

Gerhards, J.: Intimitätsmuster, risikoarmes Sexualverhalten und die Chancen aufklärender Steuerung, in: KZfSS, 41, 1989, S. 540-554

Gerhards, J.; Schmidt, B.: Intime Kommunikation. Eine empirische Studie über Wege der Annäherung und Hindernisse für "safer sex", Baden Baden 1992

Giesen, B.; Haferkamp, H. (Hrsg.): Soziologie der sozialen Ungleichheit, Opladen 1987

Gilmann, S. L.: Rasse, Sexualität und Seuche. Stereotype aus der Innenwelt der westlichen Kultur, Reinbek 1992

Girard, R.: Ausstoßung und Verfolgung. Eine historische Theorie des Sündenbocks, Frankfurt 1992

Glatzer, W.: Unzufriedenheit und gesellschaftliche Konflikte, in: Glatzer, W.; Zapf, W. (Hrsg.): Lebensqualität in der Bundesrepublik Deutschland, Frankfurt 1984, S. 207-220

Gluchowski, P.: Lebensstile und Wandel der Wählerschaft in der Bundesrepublik Deutschland, in: APuZ, B12, 1987, S. 18-32

Göckenjan, G.: Alter und Alltag, Frankfurt a. M. 1988

Göckenjan, G.; Rosenbrock, R.: Tuberkulose-Prävention und Spuckverhalten. Bedingungen, Ziele und Maßnahmen einer historischen Kampagne zur Einstellungs- und Verhaltensänderung, Berlin 1989

Gouldsblom, J.: Zivilisation, Ansteckungsangst, Hygiene, in: Gleichmann, P. (Hrsg.): Materialien zu Norbert Elias' Zivilisationstheorie, Frankfurt 1979, S. 215-252

Greenacre, M.: Theory and Applications of Correspondence Analysis, London 1984

Günther, E.: Geschlechtskrankheiten und AIDS in der DDR, in: Hohmann, J. S. (Hrsg.): Sexuologie in der DDR, Berlin 1991, S. 165-174

Häder, M.; Kiehl, W.; Hinterberger, U.: AIDS im Bewußtsein der Bevölkerung der DDR 1989/90, Berlin 1991

Hahn, A.: Überlegungen zu einer Soziolgie des Fremden, in: Simmel-Newsletter, 2, 1992, S. 54-61

Hahn, A.: Paradoxien in der Kommunikation über AIDS, in: Gumbrecht, H.; Pfeiffer, K. (Hrsg.): Paradoxien, Dissonanzen, Zusammenbrüche, Frankfurt 1991, S. 606-618

Hahn, A.: Religiöse Dimensionen der Leiblichkeit, in: Kapp, V.: Die Sprache der Bilder und Zeichen. Rhetorik und nonverbale Kommunikation in der frühen Neuzeit, Marburg 1990, S. 130-141

Hahn, A.: Verständigung als Strategie, in: Haller, M.; u.a. (Hrsg.): Kultur und Gesellschaft. Verhandlungen des 24. Deutschen Soziologentages, des 11. Österreichischen Soziologentages und des 8. Kongresses der Schweizerischen Gesellschaft für Soziologie in Zürich 1988, Frankfurt 1989, S. 346-359

Hahn, A.: Kann der Körper ehrlich sein?, in Gumbrecht, H. U.; Pfeiffer, K. L. (Hrsg.): Materialität der Kommunikation, Frankfurt 1988, S. 666-679

Hahn, A.: "Sinn und Sinnlosigkeit", in: Haferkamp, H.; Schmid, M. (Hrsg.): Sinn, Kommunikation und soziale Differenzierung. Beiträge zu Luhmanns Theorie sozialer Systeme. Frankfurt 1987, S. 155-164

Hahn, A.: Differenzierung, Zivilisationsprozeß, Religion. Aspekte einer Theorie der Moderne, in: Neidhardt, F.; Lepsius, M. R. (Hrsg.): Kultur und Gesellschaft, Opladen 1986, S. 214-231

Hahn, A.: Tod und Individualität, in: KZfSS, 31, 1979, S. 733-745

Hahn, A.: Einstellungen zum Tod und ihre soziale Bedingtheit, Stuttgart 1968

Hahn, A.; Eirmbter, W. H.; Jacob, R.:Milieu et Représentations de la Maladie: les ressources du savoir ordinaire en situation d'insécurité, in: Actes de la Rechereche on Sciences Sociales 104, 1994, S. 81-89 (Übersetzung durch M. Herrman)

Hahn, A.; Eirmbter, W. H.; Jacob, R.: AIDS: Risiko oder Gefahr, in: SW, 43, 1992, S. 400-421

Hahn, A.; Eirmbter, W. H.; Jacob, R.: Alltagswissen und ihre Bedeutung für die Orientierung unter Unsicherheit, erscheint Anfang 1994 in: Actes de la Rechereche on Sciences Sociales (zus. mit W. H. Eirmbter und A. Hahn, Übersetzung durch M. Herrman)

Hahn, A.; Jacob, R.: Der Körper als soziales Bedeutungssystem, in: Der Mensch - das Medium der Gesellschaft, Frankfurt 1994, S. 146-188

Hallman, H.W.: Neighborhoods, Beverly Hills 1984

Hasenbring, M.: Laienhafte Ursachenvorstellungen und Erwartungen zur Beeinflussung einer Krebserkrankung - erste Ergebnisse einer Studie an Krebspatienten, in: Bischoff, C.; Zenz, H. (Hrsg.): Patientenkonzepte von Körper und Krankheit, Bern 1989, S. 25-37

Heilig, G. K.: Gibt es demographische Auswirkungen der AIDS-Epidemie in der Bundesrepublik Deutschland?, in: Zeitschrift für Bevölkerungswissenschaft, 15, 1989, S. 247-270

Herzlich, C.: Soziale Repräsentation von Gesundheit und Krankheit und ihre Dynamik im sozialen Feld, in: Flick, U. (Hrsg.): Alltagswissen über Gesundheit und Krankheit. Subjektive Theorien und soziale Repräsentationen, Heidelberg 1991, S. 293-302

Herzlich, C.; Pierret, J.: Kranke gestern, Kranke heute. Die Gesellschaft und das Leiden, München 1991

Hornung, R.; Helminger, A.; Hättich, A.: AIDS im Bewußtsein der Bevölkerung, Bern 1994

Holm, K. : Die Faktorenanalyse, in: Holm, Kurt (Hrsg): Die Befragung, Band 3, München 1976, S. 11-268

Hradil, S. (Hrsg): Zwischen Bewußtsein umd Sein, Opladen 1992

Hradil, S.; Berger, P. (Hrsg.): Lebenslagen, Lebensläufe, Lebensstile, Göttingen 1990

Huge, W.: AIDS-Aufklärung und Alltag, in: Rosenbrock, R.; Salmen, A. (Hrsg.): AIDS-Prävention, Berlin 1990, S. 189-195

Irsigler, F.: Aspekte von Angst und Massenhysterie im Mittelalter und in der frühen Neuzeit, in: Trierer Beiträge aus Forschung und Lehre an der Universität Trier: Angst - ein individuelles und soziales Phänomen, Trier 1991, S. 37-45

Jacob, R.: Krankheitsbilder und Deutungsmuster. Wissen über Krankheit und dessen Bedeutung für die Praxis, Opladen 1995.

Jacob, R.; Eirmbter, W. H.; Hahn, A.: AIDS: Objektive Gefährdung und subjektive Gefährdungseinschätzung, in: Zeitschrift für Gesundheitspsychologie, 1, 1993a, S. 271-293

Jacob, R.; Eirmbter, W. H.; Hahn, A.: AIDS: Interpretationen und Reaktionen, in: Lange, C. (Hrsg.) AIDS - eine Forschungsbilanz, Berlin 1993b, S. 13-25

Jacob, R.; Eirmbter, W. H.; Hahn, A.: AIDS: Krankheitsvorstellungen und ihre gesellschaftlichen Folgen, in: KZfSS, 44, 1992, S. 519-537

Janning, F.: Bourdieus Theorie der Praxis, Opladen 1991

Kirschner, H.-P.: ALLBUS 1980: Stichprobenplan und Gewichtung, in: Mayer, K.U.; Schmidt, P. (Hrsg.): Allgemeine Bevölkerungsumfrage der Sozialwissenschaften - Beiträge zu methodischen Problemen des Allbus, Frankfurt 1984, S. 114-182

Klages, H.; Gensicke, Th.: Wertewandel in den neuen Bundesländern, in: Glatzer, W.; Noll, H. H. (Hrsg.): Lebensverhältnisse in Deutschland, Frankfurt 1992, S. 301-326

Knop, D.: Von Pest bis AIDS: die Infektionskrankheiten und ihre Geschichte, Tenningen 1988

Koch, M.: Jeder dritte junge Erwachsene ändert Sexualverhalten aus Sorge vor Ansteckung, in: ISI, 1, 1989, S. 1-5

Koch, Th.: "Hier ändert sich nie was!" Kontinuitäten, Krisen und Brüche ostdeutscher
Identität(en) im Spannungsfeld zwischen "schöpferischer Zerstörung" und nationaler Re-
Integration, in: Thomas, M. (Hrsg.): Abbruch und Aufbruch. Sozialwissenschaften im
Transformationsprozeß, Berlin 1992, S. 319-334
Krüger-Potratz, M.: Anderssein gab es nicht. Ausländer und Minderheiten in der DDR, Münster
1991
Kruse, L.: Privatheit als Problem und Gegenstand der Psychologie, Bern 1980

Meyer, B.: Das Bedürfnis nach "Sicherheit" - Die Spitze eines Eisberges?, in:
Sozialwissenschaftliche Informationen für Unterricht und Studium, 9, 1980, S. 111-116

Lüschen, G.: Verwandtschaft, Freundschaft, Nachbarschaft, in: Nave Herz, R.; Markefka, M.
(Hrsg.): Handbuch der Familien- und Jugendforschung, Bd. 1, Frankfurt 1989, S. 435-452
Lüdtke, H.: Expressive Ungleichheit. Zur Soziologie der Lebensstile, Opladen 1989
Luhmann, N.: Soziologie des Risikos, Berlin 1991
Luhmann, N.: Risiko und Gefahr, in: Ders.: Soziologische Aufklärung Band 5.
Konstruktivistische Perspektiven, Opladen 1990, S. 131-169
Luhmann, N.: Allgemeine Theorie sozialer Systeme, in: Ders.: Soziologische Aufklärung Band
3. Soziales System, Gesellschaft, Organisation, Opladen 1981, S. 11-177

Meier, A.: Abschied von der sozialistischen Ständegesellschaft, in: APuZ, B 16-17, 1990, S. 3-
14
Müller, H. P.: Sozialstruktur und Lebensstile, Frankfurt 1992a
Müller, H. P.: Sozialstruktur und Lebensstile. Zur Neuorientierung der Sozialstrukturforschung,
in: Hradil, S. (Hrsg): Zwischen Bewußtsein umd Sein, Opladen 1992b, S. 57-66
Müller, H. P.: Lebensstile, in: KZfSS, 41, 1989, S. 53-71
Müller, H. P.; Weihrich, M.: Lebensweise, Lebensführung, Lebensstile, München 1990

Noack, H.: Gesundheit: Medizinische psychologische und soziologische Konzepte, in: Gawatz,
R.; Nowak, P. (Hrsg.): Soziale Konstruktion von Gesundheit. Wissenschaftliche und
alltagspraktische Gesundheitskonzepte, Ulm 1993, S.13-32
Noll, H. H.; Schuster, F.: Soziale Schichtung und Wahrnehmung Sozialer Ungleichheit im Ost-
West-Vergleich, in: Glatzer, W.; Noll, H. H. (Hrsg.): Lebensverhältnisse in Deutschland,
Frankfurt 1992, S. 209-229

Pfeil, E.: Nachbarkreis und Verkehrskreise in der Großstadt, in: Mackensen, R.; u.a. (Hrsg.):
Daseinsformen der Großstadt, Tübingen 1959, S. 158-225
Piel, E.: Im Geflecht der kleinen Netze. Vom deutschen Rückzug ins Private, Osnabrück 1987
Pollack, D.: Sozialstruktur und Mentalität in Ostdeutschland, in: Archives Europeenes de
Sociologie, 32, 1991, S. 381-391

Rosenbrock, R.: AIDS kann schneller besiegt werden: Gesundheitspolitik am Beispiel einer
Infektionskrankheit, Hamburg 1986
Ruffié, J.; Sournia, J-C.: Die Seuchen in der Geschichte der Menschheit, Stuttgart 1987

Salmen, A.: Nicht weit von Hysterie entfernt, in: Dunde, S.R. (Hrsg.): AIDS - Was eine
Krankheit verändert, Frankfurt 1987, S. 149-161
Schimitschek, E.; Werner, G. T.: Malaria, Fleckfieber, Pest, Stuttgart 1985
Schmidt, G.: Moral und Volksgesundheit, in: Sigusch, V. (Hrsg.): AIDS als Risiko, Hamburg
1987, S. 24-38
Schulze, G.: Die Erlebnisgesellschaft. Kultursoziologie der Gegenwart. Frankfurt 1992
Schwarz, N.: Theorien konzeptgesteuerter Informationsverarbeitung, in: Frey, D. (Hrsg.):
Theorien der Sozialpsychologie III. Motivations- und Informationsverarbeitungstheorien,
Stuttgart 1985, S. 269-291
Sontag, S.: AIDS und seine Metaphern, München 1989
Sontag, S.: Krankheit als Metapher, München 1980

Spellerberg, A.; Landua, D.; Habich, R.: Orientierungen und subjektives Wohlbefinden in West- und Ost-Deutschland, in: Glatzer, W.; Noll, H. H. (Hrsg.): Lebensverhältnisse in Deutschland, Frankfurt 1992, S. 249-278

Spiegel-Verlag (Hrsg.): Das Profil der Deutschen. Was sie vereint, was sie trennt. Spiegel Spezial 1, 1991

Spiegel-Verlag (Hrsg.): Outfit, Hamburg 1986

Statistisches Bundesamt (Hrsg.): Statistisches Jahrbuch 1989, Wiesbaden 1989

Thoma, P.: Die Bedeutung der Mensch-Umwelt-Beziehung in der Medizin. Zur theoretischen Begründung der Medizinsoziologie, in: Geissler, B.; Thoma, P. (Hrsg.): Medizinsoziologie. Einführung in ihre Grundbegriffe und Probleme, Frankfurt 1975, S. 36-56

Vasold, M.: Pest, Not und schwere Plagen: Seuchen und Epidemien vom Mittelalter bis heute, München 1991

Verres, R.: Krebs und Angst. Subjektive Theorien von Laien über Entstehung, Vorsorge, Früherkennung, Behandlung und die psychologischen Folgen von Krebserkrankungen. Mit einer Einleitung von Th. v. Uexküll, Berlin 1986

Vester, M.: Die Modernisierung der Sozialstruktur und der Wandel von Mentalitäten. Zwischenergebnisse einer empirischen Untersuchung in der westlichen Bundesrepublik, in: Hradil, S. (Hrsg): Zwischen Bewußtsein umd Sein, Opladen 1992, S. 222-249

Vetter, H. R. (Hrsg): Muster moderner Lebensführung, Weinheim 1991

Watzlawik, P.: Münchhausens Zopf oder Psychotherapie und "Wirklichkeit", München 1992

Weber, I.: Gesundheitssituation der Bevölkerung in der DDR und der BRD, in: Glatzer, W.; Noll, H. H. (Hrsg.): Lebensverhältnisse in Deutschland, Frankfurt 1992, S. 233-247

Woderich, R.: Mentalitäten im Land der kleinen Leute, in: Thomas, M. (Hrsg.): Abbruch und Aufbruch. Sozialwissenschaften im Transformationsprozeß, Berlin 1992a, S. 76-90

Woderich, R.: Eigensinn und Selbstbehauptung in der Lebenswelt, in: BISS public, 2, 1992b, S. 55-66

Woderich, R. Auf der Suche nach der "verborgenen" Mentalität der Ost-Deutschen, in: BISS public, 1, 1991a, S. 121-133

Woderich, R., Zur Rekonstruktion der Lebenswelt, in: BISS public, 1, 1991b, S. 107-116